El poder mágico de la PIRÁMIDE

Lucia Pavesi - Stefano Siccardi

El poder mágico de la PIRÁMIDE

dve PUBLISHING

© Editorial De Vecchi, S. A. 2019
© [2019] Confidential Concepts International Ltd., Ireland
Subsidiary company of Confidential Concepts Inc, USA
ISBN: 978-1-64461-948-3

Índice

INTRODUCCIÓN

En el umbral de la Era de Acuario la humanidad se abre a nuevos valores e intenta lograr una mejor comunicación con su propio espíritu que olvidó parcialmente durante la época de la gran expansión materialista.

Se redescubren las antiguas teorías esotéricas y se elaboran otras nuevas, bajo el impulso de una vibración cósmica que replantea todo el conocimiento, incluido el científico, en una clave más amplia y universal.

En este panorama, a las pirámides les corresponde sin duda una función de primer plano. Por un lado son testimonios de la sabiduría antigua y, por otro, se prestan a experimentos siempre nuevos que ponen a prueba las teorías más modernas.

Ya sea como sepulcros, templos iniciáticos concentradores de la energía del cosmos, puntos privilegiados a nivel telúrico o instrumentos para la meditación y la magia, cualquiera que sea la consideración que se les dé, su estudio conduce a una serie de disciplinas distintas, todas de gran actualidad: de la geología a la investigación sobre las radiaciones y sus influencias, pasando por la arqueología, la historia, la radiestesia, la geobiología, el reiki o la parapsicología.

En este volumen hemos pretendido ofrecer un panorama exhaustivo de las propiedades de las pirámides desde todos los puntos de vista, completándolo con las nociones imprescindibles acerca de las disciplinas «secundarias» y tratando de no dar por sabido ningún conocimiento previo.

Además, hemos querido exponer, con la mayor claridad posible, los experimentos a través de los cuales es posible comprobar personalmente el «funcionamiento» de la pirámide, ya que consideramos que, por tratarse de una materia más experimental que especulativa, la validez última de las afirmaciones no reside tanto en los libros o en la autoridad de los autores que la han tratado como en las pruebas fehacientes.

Por consiguiente, el tratamiento de los distintos capítulos va acompañado de:

— *fichas de ampliación* que hacen referencia a temas secundarios específicos (como, por ejemplo, el campo magnético terrestre, el ciclo de actividad solar, etc.), que proporcionan algunas nociones fundamentales cuyo conocimiento facilita la comprensión de las afirmaciones acerca de las pirámides;
— *fichas experimentales* que describen de forma detallada cómo se debe actuar para realizar los experimentos por cuenta propia.

Esperamos que cada uno de nuestros lectores pueda pasar unas horas agradables practicando con el cuerpo geométrico más fascinante de la historia de la humanidad.

Primera parte

Las grandes pirámides antiguas, fenómenos y experimentos

Todas aquellas personas que han estudiado la fenomenología de las pirámides, acuñando teorías y promoviendo experimentos siempre nuevos, han tenido como punto de partida y modelo fundamental las grandes pirámides antiguas.

En esta primera parte nos introduciremos en los misterios de estas enigmáticas y fascinantes construcciones, con sus características y propiedades, que han inspirado desde hace siglos tanto a los científicos como a los místicos e iniciados.

Además, expondremos numerosos fenómenos observables en laboratorio que no requieren instrumentos complejos y costosos, por lo que todo el mundo, si lo desea, podrá reproducir algunos de ellos con poco esfuerzo. Por otra parte, daremos un esbozo de las explicaciones elaboradas por los descubridores, aunque para una ampliación más general nos remitiremos a la segunda parte del libro.

De esta forma desarrollaremos poco a poco nuestra empatía con estos excepcionales cuerpos geométricos para ver, a medida que nos vayan siguiendo en este viaje maravilloso, de lo que realmente representa la pirámide: la encrucijada de una red de conocimientos aparentemente dispares que tocan puntos de la realidad a simple vista exentos de conexión, pero relacionados entre sí de forma inextricable.

LAS PIRÁMIDES: UNA PANORÁMICA GENERAL

La misteriosa fascinación de las pirámides, incluso en sus representaciones más modestas, que pueden decorar como pisapapeles un escritorio, nace sin duda de la imagen de los colosos que se yerguen hacia el cielo desde el mar arenoso del desierto.

Estos enigmas nacidos antes que cualquier crónica que haya llegado a nuestra época, separados de nosotros por un tiempo inconmensurable, emergen de las tinieblas de la prehistoria como escollos aislados en un océano oscuro cuyos abismos no es posible sondear. Según algunos, son incluso anteriores al diluvio universal, y parecen mirarnos desde sus alturas con aire de desafío. Podríamos decir incluso que son vestigios supervivientes de la noche de los tiempos, pero quizá, para ser sinceros, deberíamos admitir que el término *noche* no se refiere tanto a una hipotética ignorancia de los seres humanos de entonces como a nuestra incapacidad de penetrar a fondo en sus misterios, a pesar de todos los esfuerzos realizados por arqueólogos, ingenieros y físicos.

Por algo quienes advierten la fascinación de lo desconocido siguen apasionándose por ellas, y hay quienes incluso han formulado la hipótesis de un origen no terrestre de las grandes pirámides.

Según esta teoría, las pirámides habrían sido construidas por antiguas divinidades o por seres llegados a la tierra desde otras galaxias, o bien por una humanidad que habría alcanzado cimas de conocimiento mucho más elevadas que las nuestras, antes de desaparecer por alguna causa desconocida. Serían, por lo tanto, una advertencia para los seres humanos de hoy y, al mismo tiempo, un cofre lleno de sabiduría.

Por ello, no podríamos tratar las propiedades de las pirámides «de laboratorio» sin hablar, ante todo, de los monumentos antiguos en general, y en particular de los egipcios, que son con mucho los más estudiados.

11

Dado que no consideramos correcto crear un inútil suspense, induciendo al lector a preguntarse cuál es el objetivo final de este libro, digamos ya que nuestra finalidad es poner de manifiesto los siguientes puntos:

— la pirámide es un símbolo ancestral y universal;
— la potencia de este símbolo es tan grande que lleva a los seres humanos a cargar las pirámides de poderes cada vez más complejos e increíbles;
— esta atribución de poderes se basa en cierto número de características tan maravillosas como reales, a las que sin embargo se añaden otras fantásticas, que tienen el efecto de crear confusión y de volver a menudo completamente escépticos a los científicos más serios.

El significado del término *pirámide*

Comenzando por el propio nombre, algo controvertido y misterioso rodea estas construcciones. Es bien sabido que la palabra *pirámide* deriva del griego *pyramís*, pero su etimología es incierta. Según algunos tendría su origen en el nombre de un dulce de trigo y miel, de forma de medio huso, que podía recordar la forma cónica o piramidal. Los mercenarios solían ofrecer estos dulces a los dioses a fin de que intercediesen por sus compañeros difuntos. Otros expertos han relacionado este término con la palabra griega *pirama*, que significa «altura» o «elevación». Cabe destacar, entre otras cosas, que la raíz *rama* no es específica de la lengua griega, sino común a diversas lenguas antiguas de Oriente Próximo (hebreo, caldeo, sirio, etc.).

Los historiadores más antiguos, quizá menos preocupados por la precisión de los estudios etimológicos, pero más sensibles al encanto poético de la realidad, relacionaron en general el término *pirámide* con el griego *pyr*, «fuego», porque su figura, que se estrecha hacia arriba, recuerda las llamas que se alargan hasta tocar el cielo.

Otros historiadores antiguos creían que este nombre derivaba de *pyrós*, que en griego significa *trigo*; estos se remitían a una leyenda, según la cual las pirámides habrían sido los famosos graneros que hizo construir José durante los años de abundancia y con vistas al periodo de carestía. Sin embargo, esta teoría carece de fundamento, aunque sólo sea porque los graneros deberían ser huecos por dentro, a fin de poder acoger el fruto de los cereales, mientras que las pirámides son macizas. Y sin embargo, sobre todo en la Edad Media, muchos autores dieron por supuesto que su objetivo era precisamente ese.

Según otra interpretación, la raíz de la palabra sería egipcia: *pr-m-s* (pronúnciese «per-em-us»), que significa «que sube» o «que sube recto»; así pues, podría indicar tanto la altura de los monumentos como, eventualmente, su función mística de «ayudar a subir».

En este sentido, cabría pensar tanto en el alma del difunto faraón, en su viaje para alcanzar el cielo de los dioses, como en el espíritu de los iniciados,

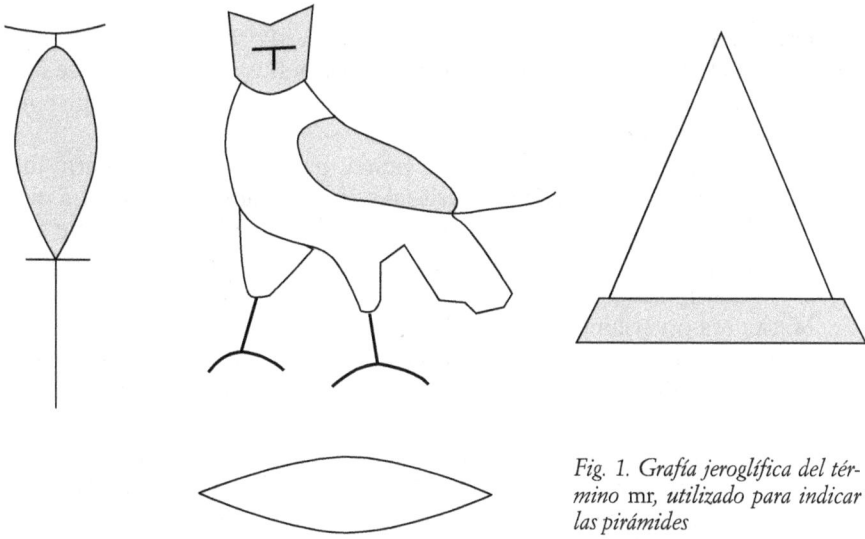

Fig. 1. *Grafía jeroglífica del término* mr, *utilizado para indicar las pirámides*

que podrían haber utilizado las pirámides como lugar de reunión. También se ha afirmado que la palabra no sería sino la transposición griega del término egipcio compuesto *peri m uisi*, que indicaría, en lenguaje matemático, su ángulo oblicuo.

Por último, otros expertos han hecho derivar la palabra del hebreo *Bur-a-mit*, que significa «la caverna de la muerte» o «el sepulcro». Evidentemente, esta etimología subraya que la función esencial de las pirámides era la de tumba de los faraones, dejando de lado la posibilidad de que fuesen utilizadas como lugares de culto o iniciación.

Para acabar, añadiremos que los egipcios las indicaban con el término *mr*, que significaba tanto el sepulcro real como una estructura de base cuadrada y caras triangulares.

Dónde se hallan las pirámides

Aunque las pirámides más famosas y estudiadas son sin duda las egipcias, edificaciones de estructura piramidal se hallan en todo el mundo, desde la familiar Europa a las regiones más inaccesibles y menos exploradas (al parecer, sólo hay dos excepciones: Australia y la Antártida). Ello confirma que esta forma tiene un valor universal. Cabe suponer que constituye una evolución del simbolismo ligado a la montaña: desde los tiempos más remotos, los seres humanos han adorado espontáneamente a sus dioses en lugares elevados que representaban la proximidad de lo divino, el principio mismo del universo, o el eje en torno al cual gira este. Por traslación, las alturas comenzaron a simbolizar la espiritualidad, la verdad y allí se asentaron los

13

primeros centros espirituales, las congregaciones de sacerdotes en torno a las que tomaban forma las religiones. Posteriormente, a la montaña se añadió el símbolo complementario de la gruta, situada en su interior, y que coincidía con el eje vertical.

La gruta, que recuerda al corazón humano, representaba la parte más íntima y secreta de las prácticas espirituales, los llamados *misterios*. La pirámide construida por el ser humano no es sino la reproducción de este símbolo, por lo que evoca, para cualquier pueblo, la raíz misma del sentido religioso y la consiguiente necesidad de congraciarse con las fuerzas cósmicas.

Tal vez sea precisamente ese poder que ejerce en el imaginario colectivo lo que explica el hecho de que, periódicamente, se hable de nuevos descubrimientos de edificaciones de forma piramidal, que quedan envueltas no obstante en un aura de leyenda. Por ejemplo, algunas construcciones piramidales han sido observadas ocasionalmente por pilotos en misiones especiales en los lugares más remotos, que ni siquiera aparecen en los mapas, y cuya existencia no se ha confirmado definitivamente. Entre estas cabe citar la famosa pirámide blanca, un edificio fantástico que se hallaría en una localidad indeterminada del Himalaya. Sus paredes, recubiertas de metal o de piedras preciosas, serían blancas y brillantes, y un enorme cristal constituiría su ápice. Otro ejemplo, igualmente misterioso, es el de la pirámide sumergida señalada en el triángulo de las Bermudas. Su presencia (obviamente no demostrada) se ha relacionado con el mítico pueblo de la Atlántida. Se trataría de una gran civilización cuyo reino se habría hundido en tiempos remotos, llevándose al olvido enormes tesoros de conocimiento. Entre otras cosas, los habitantes de la Atlántida son considerados por algunos místicos los constructores de pirámides aún existentes, en particular la gran pirámide de Keops.

También se ha hablado de grupos de pirámides en Siberia, cuya presencia estaría relacionada con hipotéticas bases de visitantes extraterrestres. En la zona situada al norte de Olëkminsk, en particular, estaría ubicada una concentración de este tipo. Se dice incluso que habría sido demolida por motivos no precisados, aunque no existe ninguna certeza al respecto.

Abandonemos ahora el terreno de la fantasía y comencemos a hablar de las construcciones propiamente dichas. Comenzando por Extremo Oriente, un conjunto de estructuras dominado por una gran pirámide se señaló en la provincia china de Shaanxi, al oeste de la antigua ciudad de Xi'anfu, que era la capital del país antes de Pekín en torno al año 1000 a. de C.

En las junglas camboyanas, inmensas pirámides formaban parte del conjunto de construcciones sacras de Angkor Vat, una ciudad santa que, según la leyenda, fue fundada por gigantes (en realidad, parece ser que las construcciones principales se remontan al siglo IX o X d. de C.). Según la tradición religiosa, estaban místicamente asociadas a la montaña sagrada, que representaba el eje mismo del mundo. La estructura arquitectónica comprendía entre tres y cinco niveles, cada uno de los cuales presentaba una

Fig. 2. Dharmaya-Ratha de Mahabalipuram

compleja red de corredores. Se trataba en general de mausoleos de soberanos.

En la misma área geográfica, en Birmania, para ser exactos, se halla la
ciudad muerta de Pagan, donde existen pagodas de varios pisos que recuerdan muy de cerca (incluso en ciertos ornamentos) las pirámides escalonadas
de América central, de las que distan miles de kilómetros.

En la India no faltan templos cuya forma resulta más o menos similar a
la piramidal. Un ejemplo es el Dharmaya-Ratha de Mahabalipuram, reproducido en la figura 2.

En Mesopotamia hallamos ciertas construcciones típicas que presentan
un evidente parentesco con las pirámides egipcias, entre otras cosas porque,

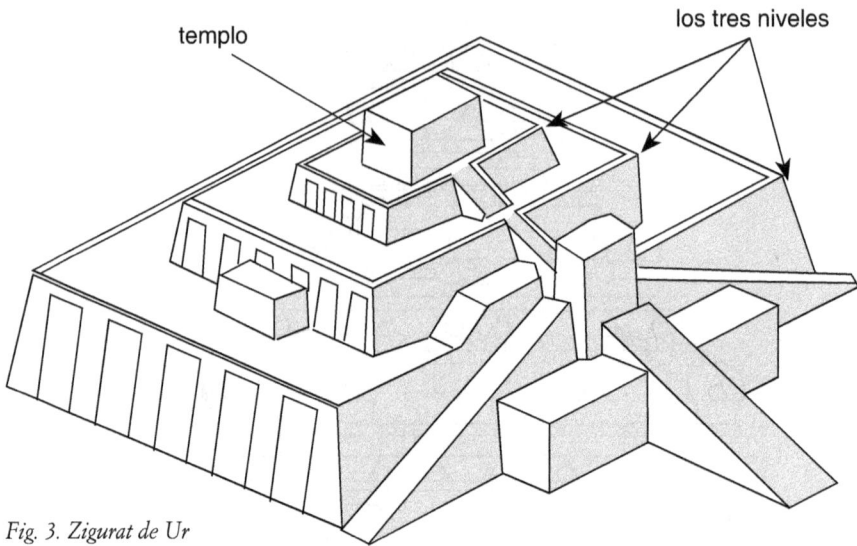

templo

los tres niveles

Fig. 3. Zigurat de Ur

desde tiempos muy antiguos, debían existir relaciones de diverso tipo entre los habitantes de los dos países. Son los zigurat, torres de pisos superpuestos, de número y altura variables según los casos.

Un ejemplo famoso lo encontramos en la antigua ciudad de Ur. Allí, en la época de los sumerios, hacia el año 2070 a. de C., el gran soberano Ur-Nammu restauró un templo más antiguo, en su origen dedicado a la Luna (Ishtar), dándole la típica conformación de torre con rellanos o grandes escalones, que es la primera y más tosca forma de pirámide. Es interesante observar que los antiguos identificaban esta construcción con la Torre de Babel de la que habla la Biblia, que representa la ambición de los seres humanos de tocar el cielo con sus fuerzas y su ingenio. Se trataba de una imponente construcción formada por tres niveles, con los ángulos orientados hacia los puntos cardinales, y por una escalinata de tres tramos que permitía ascender hasta la parte más elevada. Allí, sobre una amplia superficie, se levantaba un templo.

El zigurat de Ur no era, desde luego, una construcción única en su género. Por ejemplo, el historiador griego Heródoto describe el de Babilonia, que visitó durante sus viajes:

[...] *se levanta una torre maciza que mide un estadio* [185 m] *tanto de longitud como de altura, y sobre esta se sitúa otra torre y sobre esta otra, hasta ocho torres* [...]. *En la última torre hay un gran templo y en el templo se sitúa un amplio lecho provisto de bellas mantas, y a su lado hay una mesa de oro. En aquel lugar no hay ninguna imagen de divinidad, y de noche ningún ser humano permanece allí, a excepción de una sola mujer del pueblo, la que el dios haya esco-*

gido entre todas, según dicen los caldeos, que son los sacerdotes de este dios [...].

Estructuras piramidales de dimensiones reducidas se hallan también en el Sáhara libio. Se trata de monumentos fúnebres, construidos con ladrillos de tierra cocida, sobre unas fosas que contienen objetos pertenecientes al difunto. Su altura aproximada es de cuatro metros.

Si nos referimos a Europa, es fácil hallar cúmulos de tierra o piedras comunes que reproducen la forma de los montes, a menudo ligados al culto de los muertos. Por ejemplo, en Inglaterra e Irlanda es posible visitar tumbas en forma de cono o de pirámide roma.

Es famosa Silbury Hill, una pequeña colina artificial, que se remonta, probablemente, a más de cuatro mil años.

Como es sabido, también existen pirámides en Centroamérica y Suramérica, aunque merecen un análisis algo más amplio, por lo que dejaremos su descripción para el capítulo correspondiente.

Hemos finalizado así nuestra vuelta al mundo en busca de las pirámides.

Los lugares de construcción de las pirámides

Algunos autores sostienen una teoría muy particular acerca de los lugares en que se han edificado las pirámides.

Según esta hipótesis, dichos lugares no se escogieron al azar, ni únicamente en función de indicaciones socioculturales o ambientales, sino en relación directa con el fenómeno del magnetismo terrestre. La idea es cautivadora porque precisamente el magnetismo es una de las constantes de todos los intentos de interpretación de estos fenómenos.

Para explicar esta teoría, en primer lugar debemos hablar brevemente del campo magnético terrestre (véase ficha de ampliación n.º 1). Sin duda, el lector sabrá que este mueve la aguja de la brújula hacia el norte, pero tal vez ignore que, en casi todos los puntos de la tierra, la dirección indicada presenta cierta desviación con respecto al verdadero norte geográfico. El ángulo así identificado se denomina *declinación*.

Sólo en algunos lugares privilegiados la declinación es igual a cero, y por lo tanto allí el magnetismo terrestre apunta exactamente al polo norte.

Otro hecho interesante es que este ángulo, como otras características del campo magnético terrestre, no es fijo, sino que está sometido a variaciones.

Los institutos especializados preparan mapas y tablas del globo, cuya validez se limita a varios años, que reflejan la declinación, la intensidad del campo magnético y otros datos. Estos mapas sirven para corregir las indicaciones de la brújula, imprescindibles para mantener las rutas correctas. En ellos se dibujan las líneas que corresponden a los puntos con iguales características magnéticas (mapas isomagnéticos).

Una vez efectuadas estas precisiones, podemos enunciar la característica magnética de las pirámides de la que hablábamos anteriormente: muchos expertos consideran que, en la época de la construcción de la gran pirámide de Keops, el lugar se hallaba en una región con declinación cero, es decir, donde la brújula señalaría exactamente la dirección del polo norte. Pero eso no es todo: B. Schul y E. Pettit[1] afirman que, al examinar los mapas isomagnéticos a fin de verificar esta hipótesis, descubrieron que no sólo la pirámide se hallaba en declinación cero en la época de su construcción, sino que ha mantenido esta característica durante todos los milenios de su existencia, incluso hoy en día.

Todavía hay más: según estos expertos, las principales pirámides del mundo se erigieron en lugares con declinación cero.

Lógicamente, si se confirmase, esta circunstancia no podría ser casual: como ya hemos señalado, las líneas isomagnéticas fluctúan continuamente y, además, de forma irregular y difícil de prever, distinta en cada lugar.

Por ello, de alguna forma que ni siquiera podemos imaginar, los antiguos constructores habrían sido capaces de identificar puntos privilegiados del globo que mantuviesen fijas sus propiedades magnéticas.

¿Cómo lograron los antiguos elegir con seguridad lugares dotados de una característica tan particular? ¿Y qué significado puede tener esta elección? Esta última pregunta está relacionada con una cuestión nunca resuelta: ¿por qué se edificaron las pirámides?

Si las pirámides hubiesen estado simplemente destinadas a sepulcros, resultaría difícil imaginar una conexión lógica con las características magnéticas del lugar. En cambio, si, como muchas personas consideran, se tratase de edificios erigidos con el objetivo principal de recoger, concentrar y transformar la energía, las particularidades de las líneas de fuerza que las atraviesen podrían adoptar una importancia decisiva.

Lógicamente, no podemos responder a este interrogante. Lo que sí ofrecemos es una breve ficha acerca de los aspectos fundamentales del magnetismo terrestre.

1. *I poteri delle piramidi*, Milán, 1995.

EL CAMPO MAGNÉTICO TERRESTRE

Las características magnéticas de la materia y de los imanes —como, por ejemplo, la atracción ejercida en materiales ferrosos y la existencia de dos polos que no pueden separarse rompiendo el material— se conocen desde hace siglos.

También algunos elementos del c.m.t. (campo magnético terrestre) se conocen desde hace mucho tiempo. Basta señalar que Gilbert (médico real inglés) propuso en el año 1600 la explicación más sencilla de este fenómeno, que resumimos en la figura 4.

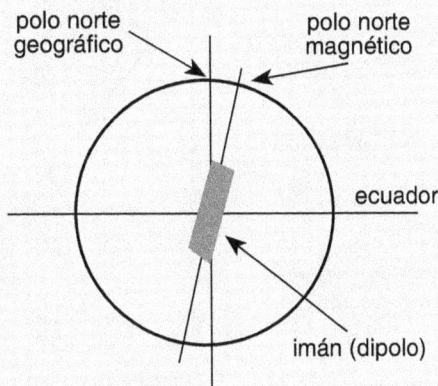

polo norte
geográfico

polo norte
magnético

ecuador

Fig. 4. El campo magnético terrestre generado por un gigantesco «imán» en el centro del planeta

imán (dipolo)

Con el avance de los estudios sobre la electricidad se descubrió una estrecha relación entre fenómenos magnéticos y corrientes eléctricas. Estos principios son la base de realizaciones como los electroimanes, los motores eléctricos y los generadores de corriente.

También por lo que se refiere a nuestro planeta, hoy en día se considera que el c.m.t. no es generado por una especie de imán gigantesco y permanente situado en el centro de la tierra, sino por un conjunto de corrientes eléctricas que circulan tanto en su interior como en el exterior, en la atmósfera.

No obstante, en muchos tratados de divulgación se razona aún como si el c.m.t. se debiese a un conjunto de imanes permanentes situados en el centro de la tierra.

Recogiendo los datos magnéticos terrestres en un periodo determinado, se puede calcular cómo debería estar dispuesto y qué características debería tener un imán para originar el campo observado.

La intensidad del c.m.t. varía en cada lugar: es máxima en las proximidades del polo sur —68.000 nT (nanoteslas)— y mínima en la costa atlántica de Brasil —23.500 nT—.

Además de la intensidad, para describir el campo magnético en cada punto de la tierra se necesitan los datos que indican la *dirección*.

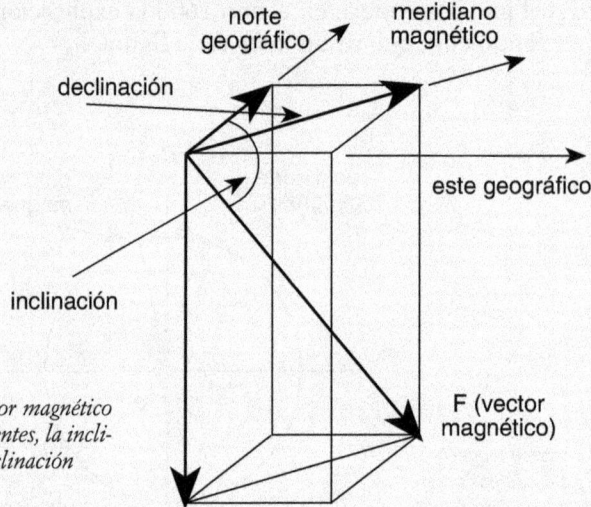

Fig. 5. El vector magnético F, sus componentes, la inclinación y la declinación

La *declinación* y la *inclinación* son estos elementos, definidos por la figura 5. La figura 6 es un ejemplo de mapa de la declinación, en el que hemos señalado una línea de declinación cero.

El *origen* del c.m.t. se sitúa sobre todo dentro de la Tierra.

El análisis de los datos observados por satélites, así como por los observadores en la superficie de la Tierra, ha permitido formular la teoría de la dinamo de autoexcitación, según la cual el c.m.t. sería generado en su mayor parte por las corrientes eléctricas que circulan en el núcleo fluido del planeta, que estaría formado esencialmente por hierro fundido.

Si nuestro planeta fuese una esfera perfecta y homogénea, también su campo magnético sería perfectamente regular. Dado que no es así, tampoco el comportamiento del campo es del todo regular.

Se denominan *anomalías magnéticas* las pequeñas irregularidades en el c.m.t., debidas a la falta de homogeneidad de la tierra, que alteran el campo principal, superponiéndose al mismo.

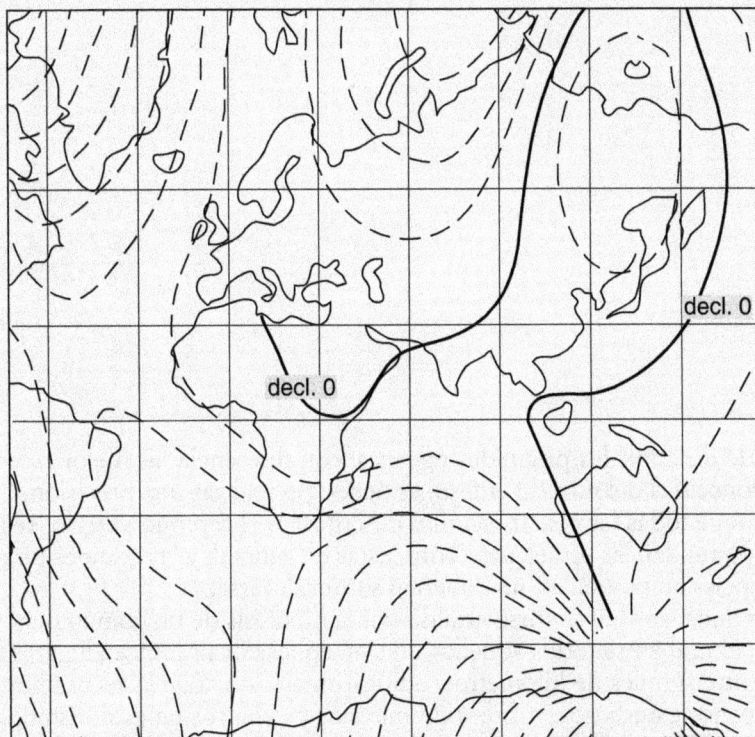

Fig. 6. Mapa de la declinación. Se ha indicado una línea de declinación cero

Las *variaciones temporales* del c.m.t. se calculan comparando los valores medios de los elementos magnéticos observados en épocas sucesivas en una estación del año. La variación es relativamente grande, aunque en el plazo de varios siglos, el campo recupera los valores originales.

También se producen *variaciones de origen externo* (debidas a perturbaciones exteriores al planeta), que pueden ser:

— de pocos segundos a unas horas, o semidiurnas;
— diurnas (ligadas a la acción del sol);
— con periodo de veintisiete días (lunares);
— con duración igual al ciclo de las manchas solares.

Se habla de *días tranquilos* cuando sólo hay variación diurna, y de *días de perturbación magnética* si hay variaciones muy intensas.

*L*AS PIRÁMIDES DE *E*GIPTO

Antes de describir las pirámides egipcias, con diferencia las mejor estudiadas y conocidas del mundo entero, es necesario realizar una precisión.

Aunque todas las construcciones descritas en el capítulo anterior tienen forma piramidal, las semejanzas entre estas en general, y las grandes pirámides egipcias en particular, no deberían sobrevalorarse.

Sin duda, es fácil sentirse atraído por la hipótesis de un común denominador cultural entre todos aquellos que, en épocas distintas y en lugares alejados entre sí miles de kilómetros, edificaron estos maravillosos monumentos. Muchos estudiosos, sobre todo místicos y expertos en esoterismo, han hecho propia esta teoría, apoyándola con observaciones múltiples y variadas, y llegando a veces a afirmar que los iniciados de todos los tiempos y de todas las religiones habrían tenido la posibilidad de acceder a una forma de conocimiento común, hoy perdida.

Los antiguos sacerdotes, o sus arquitectos, de civilizaciones tan distintas, habrían conocido alguna enigmática propiedad de las formas geométricas, del campo magnético terrestre, etc., y en función de estos conocimientos habrían orientado sabiamente sus edificaciones.

Independientemente de la realidad o falsedad de estas teorías, queremos subrayar su importancia como mito: existiría un conocimiento secreto, correspondiente a una edad de oro perdida. Una raza desconocida (procedente del pasado o del lejano cosmos), que vale mucho más que nosotros, nos habría dejado estos testimonios aún por descubrir.

Sin embargo, muchos arqueólogos no concuerdan con esta visión y subrayan que las semejanzas son más superficiales de lo que pueda parecer a simple vista.

Por ejemplo, los zigurat eran monumentos religiosos, de los cuales el templo en la parte superior constituía la parte más importante, y también la mayoría de las construcciones de la América precolombina tenía probablemente la función de templo, o de basamento de templos; del mismo modo que el culto es esencial en la India y en Camboya. Además, muchos de estos edificios estaban provistos de amplias escaleras exteriores, ausentes en todas las pirámides egipcias.

Evolución de las formas piramidales

Aunque, cuando se piensa en Egipto, surgen de inmediato en la mente las tres famosas pirámides de Gizeh, existen, más o menos bien conservadas, decenas de construcciones análogas, que atestiguan la evolución de estas formas arquitectónicas.

En los tiempos más antiguos, antes del asentamiento de las famosas dinastías reales, los difuntos eran sepultados en simples fosas excavadas en la arena. Posteriormente, las personas más importantes, sobre todo los reyes, comenzaron a edificar, sobre sus tumbas, una construcción de ladrillos de arcilla, presumiblemente una especie de casa destinada al difunto, llamada *mastaba*.

Las primeras pirámides de Egipto fueron construidas durante el reinado de la III dinastía (que se inició en el 2660 a. de C.), cuyo fundador fue probablemente Zoser, sepultado en Saqqara, cerca de la ciudad de Menfis.

El complejo funerario que se halla en esta localidad es el primer monumento construido completamente de piedra y representa un notable paso adelante, desde el punto de vista arquitectónico, respecto a todos los edificios más antiguos. Su arquitecto, Imhotep, se hizo legendario entre los egipcios, que le atribuyeron, además de la habilidad de constructor, el honor de ser el padre de la medicina y un sabio mago y astrólogo.

La edificación dominante es una pirámide escalonada, que tiene la función de sepulcro y también de celebración de la realeza del faraón.

Es el primer ejemplo de tumba integrada en un conjunto orgánico y articulado de edificios.

La construcción general debía ser grandiosa, con edificios de piedra desnuda cuyas vastas proporciones debían impresionar al visitante e infundirle respeto por el desmesurado poder del soberano.

El recinto rectangular medía más de 500 m de longitud por casi 300 de anchura, y estaba orientado según la dirección norte-sur. El recinto amurallado que lo rodeaba alcanzaba los 10 m de altura, con dos muros situados uno junto a otro, y un ripio intermedio a base de piedras.

Las paredes estaban revestidas de láminas de piedra caliza en casi toda su superficie.

La pirámide, aproximadamente cuadrada, está formada por seis niveles, y tenía en su origen una altura de unos 60 m (actualmente reducidos por los estragos producidos por el paso de los años).

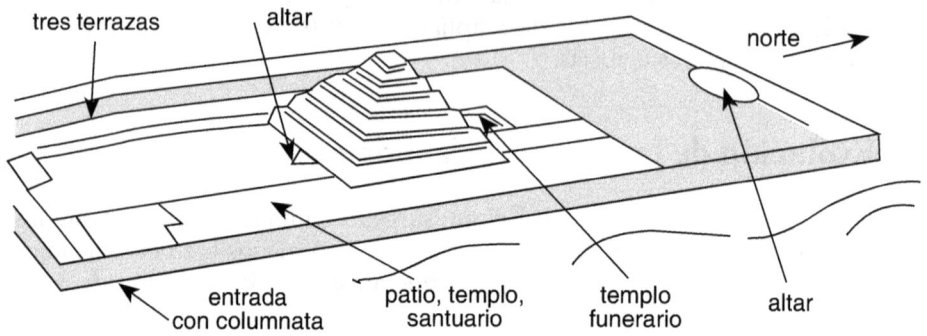

tres terrazas

altar

norte

entrada
con columnata

patio, templo,
santuario

templo
funerario

altar

Fig. 7. El complejo funerario de Zoser en Saqqara

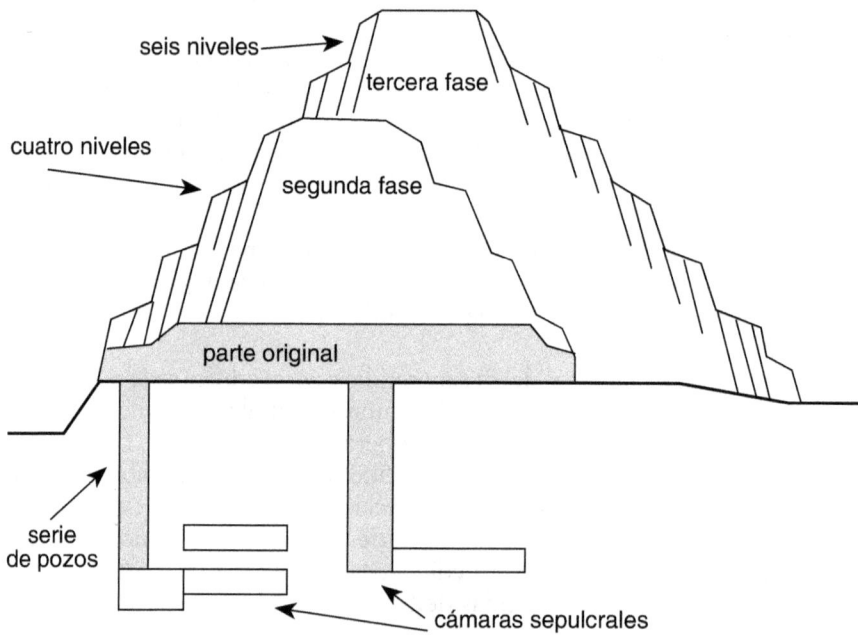

seis niveles

tercera fase

cuatro niveles

segunda fase

parte original

serie
de pozos

cámaras sepulcrales

Fig. 8. La pirámide de Zoser; el dibujo muestra las fases de la construcción

Es muy probable que el proyecto se articulase en fases sucesivas: de la construcción de una simple mastaba se pasó a la ampliación del perímetro y al escalonamiento de la estructura.

Bajo la construcción se encuentra un pozo de unos 30 m de profundidad, en cuyo fondo está la cámara sepulcral, revestida con bloques de granito rosa: se trata de un espacio reducido de 3 m de longitud y solamente 1,65 m de altura y anchura. Un bloque de granito, cuyo peso supera las tres toneladas, se colocó sobre él después de la introducción del féretro.

Se manifiesta así la primera representación del símbolo montaña-gruta. Una serie de corredores y cámaras en las que se depositaban los ornamentos funerarios (sobre todo vasos de piedra) completa el mausoleo.

Cerca del conjunto de Zoser surgía otra pirámide escalonada: era la tumba de Sekhemket, a quien se supone sucesor de Zoser. Presumiblemente debía de tener una base de unos 120 m por 70 de altura, sobre la que se alzaban siete niveles. Sin embargo, se trata de simples conjeturas, dado que sólo queda un esbozo de la construcción; tal vez la edificación se interrumpió por la súbita muerte de quien la encargó.

La parte subterránea sí fue terminada, y presenta un dédalo de corredores y almacenes similar al descrito en el caso anterior. En las excavaciones

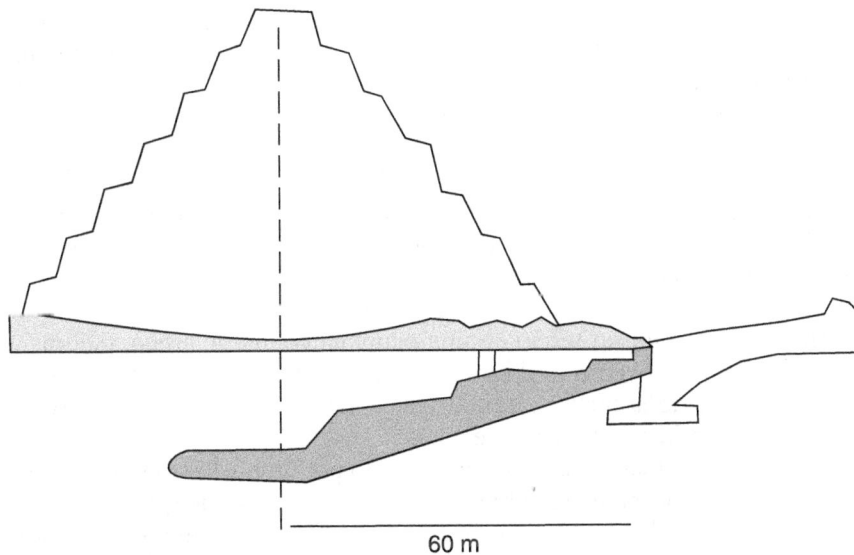

60 m

Fig. 9. La pirámide de Sekhemket (reconstrucción)

realizadas en los años cincuenta, se halló en la cámara sepulcral un sarcófago de alabastro, formado por un solo bloque de piedra, con un mecanismo de cierre deslizante que todavía está sellado pero vacío, tal vez a causa de los saqueadores, que habrían profanado la tumba para apoderarse de los ornamentos de oro del ataúd o de los amuletos ocultos entre las vendas de la momia.

Sin embargo, parece extraño que no se haya hallado ningún fragmento en el suelo, como suele suceder en estos casos. Por consiguiente, se ha formulado la hipótesis de que toda la estructura de la cámara funeraria tuviese sólo un objetivo ritual, o incluso debiese confundir a los saqueadores, y que la momia se halle en otro lugar, dentro de la pirámide o en un sitio completamente distinto.

Una tercera pirámide escalonada se halla a unos seis kilómetros de Saqqara, en la localidad llamada Zawiyet el-Aryan, y se conoce con el nombre de *pirámide de capas*. Se trata de unos restos muy pobres de una construcción que debía alcanzar unos 80 m de lado y tal vez 40 m de altura aproximadamente. Se atribuye a un soberano llamado Ka'aba, del que se sabe muy poco, salvo que debió de ser uno de los sucesores de Zoser.

La estructura escalonada fue típica de la III dinastía. De los tres indicados, parece ser que el único conjunto sepulcral llevado completamente a cabo fue el más antiguo de todos, el del faraón Zoser, que es además el mejor conservado y estudiado por los arqueólogos.

Otras cuatro pequeñas pirámides del mismo tipo fueron construidas, probablemente hacia el final de la III dinastía, aisladas unas de otras, en una región comprendida entre Sileh y El-Kolah. No se conoce con seguridad su uso: podrían ser cenotafios de reyes, tumbas de reinas (quizá sepultadas en sus lugares natales), o de príncipes o gobernadores locales.

La evolución hacia la forma piramidal propiamente dicha se produjo durante el reinado de *Snofru*, quien se apoderó de una pirámide escalonada inacabada, que había sido iniciada por su predecesor Huni en Meidum, unos cincuenta kilómetros al sur de Menfis.

Lo que hoy en día queda de ella es una inmensa torre de planta cuadrada, enterrada casi en un tercio en una pequeña colina de arena, piedras y restos. Según el proyecto de Huni, el último soberano de la III dinastía, debería haber sido la mayor pirámide escalonada; en manos de Snofru se convirtió en la primera de forma regular.

El edificio original debía de estar formado por un núcleo macizo de piedra en el que se apoyaban las cubiertas en los cuatro lados, lo que daba lugar a siete niveles que descargaban su peso hacia el centro. En una segunda fase se amplió el perímetro, a fin de poder añadir un octavo nivel en la parte superior.

En ese momento, las dimensiones debían ser, más o menos, de 120 m de lado y 82 de altura. Intervino luego el nuevo propietario, Snofru, que decidió llenar los niveles con obras de albañilería en las que apoyar placas de revestimiento.

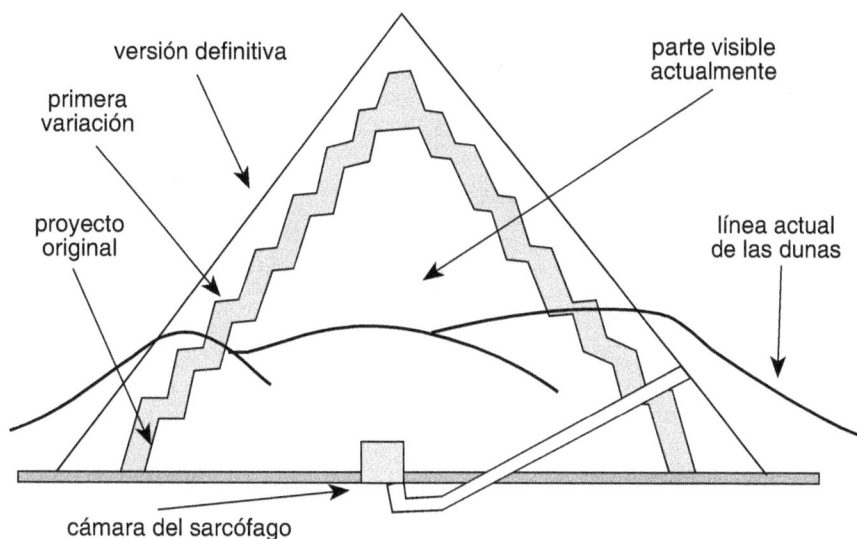

Fig. 10. La pirámide de Huni-Snofru en Meidum

El resultado fue un monumento de 144 m de lado y más de 90 de altura, con un ángulo de inclinación de unos 51°.

A su alrededor surgían edificios subsidiarios, hallados sólo en parte, que constituían el prototipo del conjunto funerario real en uso durante todo el Imperio Antiguo: además de la pirámide principal, había una secundaria más pequeña, una capilla o templo funerario, rodeadas por una muralla, y una vía ceremonial que conducía hacia un segundo templo, edificado normalmente a orillas del Nilo o de un canal y llamado *templo en el valle.*

En el corredor descendente de la pirámide y en una capilla se descubrieron inscripciones más tardías (de la XVIII dinastía, unos mil años después de la construcción), que atribuyen a Snofru la tumba:

> *Decimosegundo día del cuarto mes de* shmu *año decimocuarto de Menkheperre Dhutmose* [Tuthmosis III]; *el escriba Aakheperkaresened, hijo de Amenmessu, vino a ver el hermoso templo del rey Nebmare* [Snofru]. *Le pareció que contenía el cielo, y que de él surgía el sol.*

Al mismo soberano se le atribuyen otras dos pirámides. Una surge en pleno desierto, a poca distancia de la población de Dahsur, y se conoce con el nombre de *pirámide romboidal, obtusa* o *de doble pendiente*: se caracteriza por un brusco cambio de inclinación, que pasa de más de 54° a 43° y 21' a la altura aproximada de 49 m.

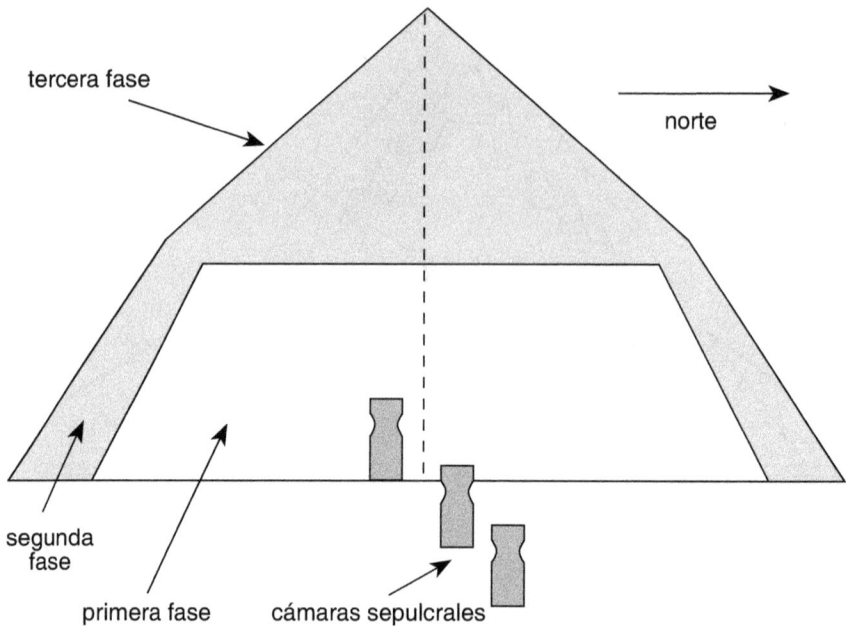

Fig. 11. La pirámide romboidal

Hoy en día alcanza poco más de 100 m de altura, mientras que, si se hubiese completado con la pendiente original, mediría 128.

Desde el punto de vista del revestimiento externo es la mejor conservada de Egipto. Unos 55 m al nordeste surge la pirámide secundaria (52 m de lado, 25 de altura), cuya función resulta controvertida: para algunos tendría un fin ritual, para otros estaría destinada a acoger los restos de la reina, o bien el *ka* (esencia espiritual) o la momia del faraón durante las ceremonias previas a su inhumación.

No lejos de este edificio, también en las proximidades de Dahsur, Snofru hizo construir la tercera de sus pirámides, que recibió varios nombres: *norte, roja, aguda, de los murciélagos* o *de la cadena*.

Su importancia, aparte de su gran belleza, deriva de haber sido la primera en ser concebida y proyectada como auténtica pirámide geométrica regular. Además, es la única pirámide del Imperio Antiguo de la que ha llegado hasta nosotros también la parte terminal, la punta o *pyramidion*, mientras que todas las demás están truncadas. Esta circunstancia ha generado una serie de conjeturas sobre lo que podía completar el vértice: una punta normal, que simplemente se desgastó, una plataforma, un obelisco, etc.

El nombre de *pirámide roja* le deriva del color rojizo, debido a la oxidación de la piedra calcárea, privada del revestimiento externo. Tiene una altura aproximada de 104 m y una base rectangular. La pendiente es bastante suave (43° y 36'). Es interesante observar que las pirámides participaban de la naturaleza divina de sus propietarios, los faraones, y solían estar dotadas de un nombre propio. En la mayoría de los casos, este estaba formado por el nombre del rey y un atributo suyo, como por ejemplo: «Kefrén es grande» o «Mikerinos es divino», etc.

Hemos terminado así esta breve divagación sobre las primeras pirámides, que son las menos perfectas y conocidas. Antes de describir las más famosas, las de Kefrén, Mikerinos y, sobre todo, Keops, es oportuno analizar dos puntos de vista opuestos en lo que respecta a su objetivo y su origen, de los que ya hemos hecho mención.

El primero es el de los egiptólogos, el segundo el de los estudiosos de inclinación más «mística» o «esotérica». Los dos próximos apartados están dedicados a la exposición de sus argumentos respectivos.

Las pirámides como tumbas de reyes: consideraciones sobre la historia y la religión egipcias

¿Cómo nació el estado egipcio? ¿Cuál fue el proceso que llevó al faraón a ser considerado un dios y a la pirámide, tan grandiosa y costosa, a ser su tumba?

A mediados del IV milenio a. de C. las pequeñas comunidades del país se habían unificado en dos reinos distintos: el del sur, bajo la protección del dios Seth, con capital en Naqada, y el del norte, que veneraba a Horus, el dios halcón, con capital en Behdet.

Esta doble «alma» de Egipto fue siempre una espina en el corazón del país, generando rivalidades y revueltas dispuestas a tomar vigor al mínimo signo de debilidad del gobierno central. Ello explica la preocupación por unificar los cultos, evitando en lo posible los locales, demasiado vinculados a la facción político-territorial que, en cada ocasión, había sido derrotada. Una primera unificación se produjo en tiempos muy antiguos, tras la victoria del Reino del Norte, que se anexionó los territorios meridionales. En esta fase comenzó la difusión del culto del dios solar Ra, originario de Heliópolis.

Más tarde los pueblos del Alto Egipto (la parte meridional del país) se tomaron la revancha: la revuelta llevó nuevamente a la división en los dos reinos. La capital del sur era Nekheb, ciudad protegida por la diosa buitre Nekhbet, y Nekhen (llamada Hieracónpolis), protegida por Horus, su centro religioso. Buto (o Pe) era, en cambio, la capital del norte, protegida por la diosa cobra Uadjet; los principales centros religiosos se hallaban en Behdet (dios Horus) y Sais (diosa Neith).

Pero la situación de rivalidad entre los dos estados vecinos acabó nuevamente en una guerra: esta vez resultó victorioso el sur, que logró definitivamente unificar las dos tierras bajo un solo soberano, con toda probabilidad Menes.

Aunque se había eliminado en el aspecto material y político, el dualismo de los reinos se mantuvo vivo en el ceremonial y, probablemente, también en el ámbito administrativo. Cada vez que, en los siglos sucesivos, la cohesión del país menguaba, o la autoridad central se mostraba más débil, esta doble naturaleza perdía su carácter puramente formal, tendiendo a convertirse en una fuerza política efectiva: así, el fantasma de la división o, incluso, de la fragmentación estaba siempre presente, como una ola del océano que pudiese barrer en pocos instantes la paciente labor de construcción y agregación de un estado unitario. También cabe destacar que el eje principal de la unidad de la nación se identificaba en la figura misma del faraón. Desde el principio, este reunió en sí las prerrogativas, las funciones, los símbolos, los nombres, etc., de los dos soberanos que le habían precedido.

Para limitarnos a dos únicos ejemplos, si el rey del norte recibía el nombre de *biti* (simbolizado por una abeja) y el del sur era denominado *nesut* (representado por un junco), el faraón obtuvo el apelativo de *nesut-biti*; si la corona del primero estaba compuesta por un tocado rojo, con un apéndice rizado en la parte anterior y otro largo en la posterior, mientras que la del segundo consistía en un cilindro blanco que se estrechaba hacia arriba, el rey

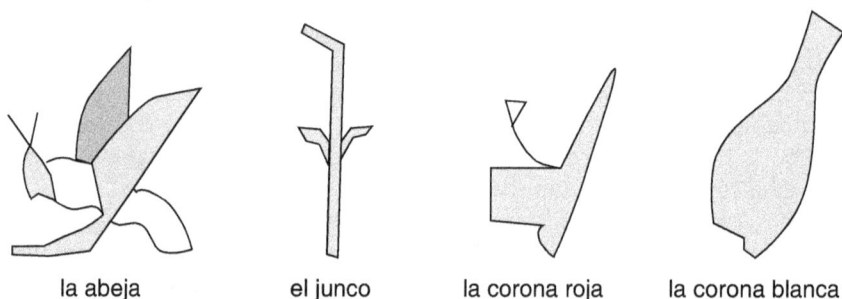

| la abeja | el junco | la corona roja | la corona blanca |

Fig. 12. Símbolos y tocados de los reyes del Norte y del Sur

del Egipto unido llevaba una corona, llamada *pshent*, formada por las dos anteriores integradas entre sí.

Probablemente, como sucedió entre muchos pueblos antiguos, y con mayor motivo en una situación de unificación forzada, resultó espontáneo, desde las dos primeras dinastías, justificar el poder real con la directa descendencia divina. El progenitor de los faraones era el dios Horus, símbolo mismo de la monarquía, garante del bienestar, de la justicia y del equilibrio.

Al subir al trono, el faraón se asimilaba al dios, del que se convertía en personificación terrestre, asumiendo, al mismo tiempo, las mismas funciones de «afectuoso cuidado» del pueblo y del país.

Las tumbas de las primeras dinastías se concentran sobre todo en dos necrópolis: en Abydos y en Saqqara.

Cabe destacar que muchos soberanos eran titulares de dos sepulturas, una en la primera y la otra en la segunda localidad.

Este doble monumento podría reflejar el dualismo formal entre Alto y Bajo Egipto, en un tiempo en que la reunificación era aún reciente, aunque también es probable que sea el reflejo de otra oposición, teológica, que sin embargo debía estar profundamente relacionada con controversias políticas: la oposición entre el dios solar Ra y Osiris, más apreciado entre el pueblo y estrechamente asociado con los cultos funerarios. Los sacerdotes de Heliópolis llevaron a cabo la síntesis entre las expresiones de las dos divinidades y la sistematización de la descendencia divina del faraón, probablemente a partir del final de la II dinastía y hasta la IV. Según esta teoría, el primer dios fue Atón, cuyo acto inicial fue el de hacer emerger de las aguas primordiales un montón de tierra. Tras posarse sobre él, creó la luz, es decir, Ra, el sol, y se asimiló a ella para convertirse en Ra-Atón.

A continuación adoptó el aspecto de un ave (el fénix) y voló a posarse sobre el *benben*, una piedra negra en forma de pirámide, probablemente de origen meteórico, que era venerada en Heliópolis.

Atón generó la primera pareja de dioses: el principio del aire, Shu, de sexo masculino, y el principio del agua, Tefnut, femenino. De su unión nacieron la tierra (Geb, masculino) y el cielo (Nut, femenino).

Tenemos así una primera versión de los cuatro elementos, que más tarde serían evocados innumerables veces, a lo largo de los siglos, comenzando por los filósofos griegos de Jonia, para llegar a conocerse aún en nuestros días.

Geb y Nut generaron a Osiris, Isis, Seth y Neftis. De esta forma el culto de Osiris y de los dioses relacionados con este se integró en la tradición de las divinidades solares. Esta concepción es denominada *Gran Enéada*, porque está formada por un conjunto de nueve grandes dioses.

De Osiris e Isis nacería Horus, a quien la solemne asamblea de los dioses concedió el derecho de reinar, asumiendo la herencia de su padre.

Se le considera el último gran dios que subió al trono de Egipto. Los faraones, sus sucesores, basaban su legitimidad y divinidad directamente en el hecho de ser sus descendientes.

Dentro de este panorama cultural y religioso, el paso de la tumba en forma de mastaba a la piramidal avanza probablemente junto a la afirmación de la concepción del faraón como descendiente del sol.

Si la tumba en forma de casa o palacio podía adaptarse a una persona común, a la que podía asegurar una existencia holgada y cómoda en la ultratumba, el soberano, destinado a subir al cielo para ocupar su lugar entre sus divinos antepasados, necesitaba una construcción que le ayudase en esta obra.

Por un lado la pirámide, con los conjuntos arquitectónicos destinados a proteger los restos del difunto, permitía al *ka*, la esencia espiritual del faraón, disponer de su cuerpo físico, instrumento imprescindible para relacionarse con el universo. Por el otro, su forma, claramente proyectada hacia las alturas, debía materializar, en sentido probablemente mágico, la «escalera» que le permitía al difunto la ascensión al cielo.

Por último, en la forma piramidal convergía con toda probabilidad también el símbolo del *benben*, el antiquísimo meteorito sagrado, vinculado al culto del sol.

La «epidemia piramidal»

Lo expuesto en el apartado anterior refleja la teoría principal de la mayoría de egiptólogos. Al margen de los detalles, acerca de los cuales los expertos pueden tener opiniones diferentes, los puntos centrales son los siguientes:

— las pirámides eran esencialmente tumbas;
— su evolución se inscribe en la historia social y religiosa de Egipto, por lo que no hay ninguna necesidad de buscar hechos excepcionales para explicar su aparición.

De una opinión muy distinta es un grupo de investigadores, a menudo en polémica con los anteriores, cuyo primer exponente de relieve fue Charles Piazzi-Smyth, astrónomo real de Escocia, muy apreciado en los ambientes científicos por sus estudios en el campo meteorológico y astronómico.

Hacia 1859 comenzó a interesarse por las pirámides, gracias a la influencia de un amigo, John Taylor, que había publicado un volumen sobre el tema. En esta obra, Taylor afirmaba que la pirámide de Keops era tan perfecta que no podía haber sido construida por los seres humanos sin la ayuda divina. Dado que los egipcios eran notoriamente idólatras, sin duda Dios no les habría iluminado con su gracia. Por ello, era evidente que algún otro pueblo había edificado esa grandiosa maravilla.

Para establecer su identidad, Taylor se remitió a un pasaje del historiador hebreo Flavio Josefo (que vivió en el siglo I d. de C.), que cita a un autor cuatrocientos años más antiguo, Manetón, según la cual Egipto sufrió la invasión de un pueblo oriental, los hicsos, que devastó brutalmente su territorio.

Dado que otros historiadores afirman que los egipcios odiaban el recuerdo de los constructores de pirámides, considerándoles perversos y crueles (tal vez a causa del esfuerzo y los sufrimientos que le costó al pueblo la construcción de tales monumentos), Taylor unió las dos afirmaciones y dedujo que debían haber sido los hicsos quienes edificaron las pirámides.

Además, afirmó que la invasión se había producido antes del nacimiento de Abraham, probablemente bajo la dirección de Sem, hijo de Noé.

En realidad, según los documentos disponibles, los arqueólogos consideran que la invasión de los hicsos se produjo realmente, pero mil años después de la construcción de la pirámide de Keops.

La obra de Taylor no tuvo amplia difusión hasta que halló en Piazzi-Smyth a un formidable defensor. Entre 1864 y 1867, este se dedicó con pasión a este tema, publicó dos volúmenes que defendían las teorías de Taylor y viajó incluso a Egipto para documentarse y efectuar una serie de meticulosas observaciones y mediciones que debían confirmar sus ideas. Entre las novedades «descubiertas» por él destaca la «pulgada piramidal», una unidad de medida que, en su opinión, habría sido utilizada únicamente por los iniciados, para efectuar los cálculos relativos a las pirámides. También existía un múltiplo, el «codo sagrado», que difería unos diez centímetros del «codo real», ya conocido por los egiptólogos y comúnmente utilizado por los antiguos arquitectos.

Evidentemente, los arqueólogos «ortodoxos» consideran que tanto la «pulgada piramidal» como el «codo sagrado» son fruto de la fantasía y que nunca han existido en la realidad en ningún pueblo de la tierra.

No obstante, Piazzi-Smyth era una autoridad científica (aunque en campos que nada tenían que ver con la arqueología), sus libros estaban llenos de complejos cálculos, y su exposición se apoyaba en un indudable entusiasmo. Así, sus teorías se difundieron e indujeron a otros a seguir su camino.

Se multiplicaron los cálculos que combinaban las más dispares medidas de elementos arquitectónicos expresadas en codos sagrados, y de esa forma se descubría, utilizando la Cábala para interpretar los resultados, que la pirámide «contenía» las fechas de una asombrosa cantidad de acontecimientos históricos: ¡desde el Éxodo a la caída, en 1929, de la bolsa de Nueva York!

Con el mismo sistema se atribuían a los antiguos constructores numerosos conocimientos avanzados, ya que en las proporciones del monumento se hallaban ocultos los valores del radio terrestre, la longitud de la órbita de la tierra, los años del ciclo de la precesión de los equinoccios, etc. Muchos de estos autores coinciden con Taylor al afirmar que no fueron los egipcios sino otros pueblos quienes edificaron los colosos piramidales. Algunos han formulado incluso la hipótesis de que fueron los supervivientes de la Atlántida.

C. Lagrange, profesor de la Academia militar, astrónomo y miembro de la Academia Real de Bélgica, publicó en 1893 una serie de consideraciones sobre la gran pirámide, que consideraba haber demostrado científicamente «con la fuerza de los números», para citar una expresión suya.

Este estudioso llegó a la conclusión de que la gran pirámide de Keops sería un monumento hebreo, así como un «libro de piedra» donde están registradas las constantes esenciales de la astronomía y la física terrestre. Por ejemplo, una centésima parte del perímetro de la base expresado en pulgadas piramidales sería equivalente a la duración del año en días (365,242).

La suma de las diagonales de la base (25.827) equivaldría a la duración, expresada en años, del ciclo de la revolución de los equinoccios. Y, además, el peso de la Tierra correspondería al de la pirámide multiplicado por mil billones de veces.

Asimismo, en su opinión la pirámide concuerda esencialmente con la Biblia, lo que prueba que ambas proceden de la misma revelación. Ante todo, el codo piramidal no es otra cosa que el codo sagrado de los hebreos. De esta observación se deduce que el volumen del arca de Noé es exactamente cien mil veces el del sarcófago de la pirámide, que a su vez es igual al del Arca de la Alianza.

De la circunstancia de que la pulgada inglesa y la piramidal serían prácticamente idénticas, y de que los lados de ciertos cuadrados en la pirámide aparecen formados por la combinación de la yarda (inglesa) y del codo sagrado, ¡Lagrange «deduce» que los anglosajones descienden de las tribus de Israel!

Estas pocas líneas son suficientes para que nuestros lectores se hagan una idea de la excentricidad de todas estas afirmaciones.

Además, una opinión bastante difundida entre los «piramidistas» es que estos monumentos son mucho más antiguos de lo que consideran los egiptólogos (unos 5.000 años), y probablente se remontan a antes del diluvio universal. Su verdadero objetivo no sería actuar como sepulcros: los más místicos relacionaron las distintas cámaras y corredores con momentos de la iniciación (el periodo de la preparación, la degradación del ser humano que no busca el camino de la Verdad, la Verdad en la sombra, etc.).

A través de este recorrido ritual, el adepto, que ha entrado en la pirámide como ser humano común, saldría de ella «semejante a un dios», iniciado en todos los secretos trascendentes. El sarcófago nunca habría contenido un cadáver, sino que sería un instrumento mágico, según algunos para un rito relacionado con el agua, según otros para la producción de notas musicales particulares. Dentro de la pirámide se hallarían salas aún sin explorar, que encerrarían las claves de los misterios.

El doctor P. Brunton, un estudioso inglés que, a comienzos de siglo, quiso verificar en persona la posible influencia «psíquica» de la permanencia en la gran pirámide, obtuvo permiso para pasar en ella la noche. Así, poco después del ocaso penetró en el «corazón» de la construcción, la llamada *cámara del rey*, y apagó la lámpara. Cuenta que, pasado algún tiempo, comenzó a percibir una presencia misteriosa, negativa y amenazadora, que le obligó a luchar contra el impulso de huir.

Esta atmósfera se disipó de improviso, y aparecieron dos misteriosos personajes que parecían antiguos sacerdotes. Uno de ellos le pidió que no emprendiese el descubrimiento de territorios vedados a la mayoría de los mortales, ya que muchos de los que habían iniciado ese «viaje» habían perdido la razón. Por ello, le aconsejaron que abandonase de inmediato aquel lugar.

Sin embargo, el doctor Brunton insistió. Entonces le invitaron a tenderse sobre el sarcófago, como hacían los antiguos iniciados. En aquel momento una especie de energía descendió sobre él, le permitió salir de su cuerpo y lo liberó de toda la tensión y angustia que acumulaba. Más tarde, uno de los dos sacerdotes le hizo saber que el lugar en el que se hallaban era un antiguo templo, testigo de las más arcaicas estirpes de la humanidad, y le exhortó a pedir a sus semejantes que abandonasen el odio y recordasen el antiguo pacto entre el ser humano y su Creador. En caso contrario, el pro-

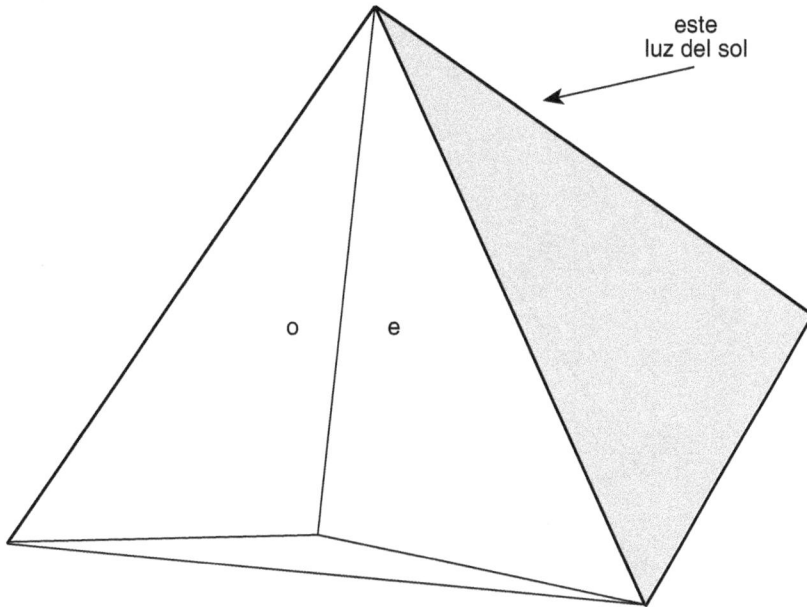

este
luz del sol

o   e

Fig. 13. La cara sur con la demostración de su «irregularidad»

pio peso de sus iniquidades les aplastaría, tal como había destruido a la población de la Atlántida, que había construido la pirámide y olvidado después a su Dios.

Después de oír estas palabras, a medianoche, Brunton despertó de golpe con la sensación de que su inconsciente le había jugado una mala pasada, llevándole a tener aquel sueño.

Otros investigadores han visto en la gran pirámide una especie de instrumento científico: un observatorio astronómico, un gigantesco nomon para la observación de los solsticios o, por último, un sistema capaz de recoger y catalizar energía cósmica, telúrica o de origen desconocido.

A. Pochan, por ejemplo, dio a conocer en 1935 el descubrimiento de un fenómeno singular. Su atención se había visto atraída por la cara sur, que, a pesar de parecer plana, en realidad está formada por dos triángulos «unidos» por un lado, cuyos planos forman un pequeño ángulo (27').

Al amanecer, la sombra de la parte este (indicada con la letra *e* en la figura 13) recorre la parte oeste *(o)* en unos 20 segundos, de izquierda a derecha. Pochan llamó a este fenómeno *relámpago*. Al final, la parte oeste aparece completamente iluminada, mientras que la este permanece en sombra. Esta división resulta visible durante unos minutos. Si pensamos que en la antigüedad las paredes estaban recubiertas de piedra lisa, el fenómeno debía ser aún más claro y llamativo. El fenómeno se produce a la inversa al ocaso. Todo ello no sucede de la misma forma durante todo el año: se acentúa desde el 21 de marzo (equinoccio) hasta el 21 de junio (solsticio), para disminuir luego hasta el día del equinoccio de otoño y luego cesar.

35

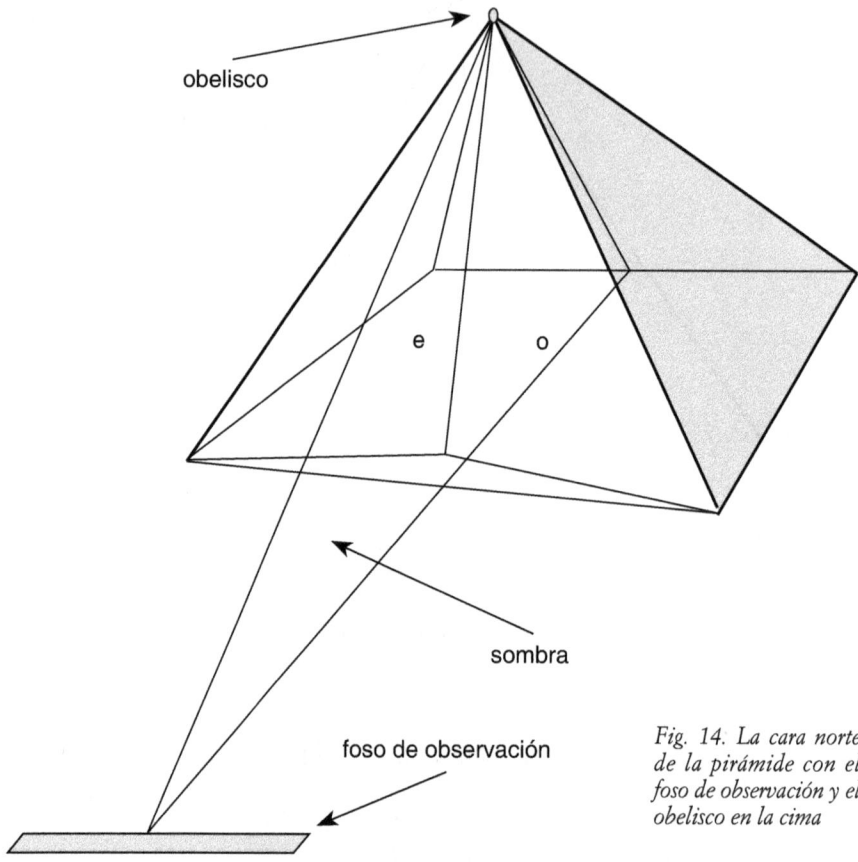

obelisco

e   o

sombra

foso de observación

Fig. 14. La cara norte de la pirámide con el foso de observación y el obelisco en la cima

También la cara norte posee la misma característica. Pero eso no es todo: en este lado se halla un gran descampado nivelado, de más de 100 m de longitud, con una «trinchera», que dista 89,25 m de la base, y que podría haber servido para acoger a los astrónomos de la época. Estas observaciones harían suponer que en la cima de la pirámide estuvo situado un obelisco, utilizado para observar con precisión la posición del sol.

Pochan llegó así a la conclusión de que la pirámide no debía ser sólo la tumba de Keops, sino también el templo dedicado al dios solar, cuya exacta observación permitía.

Las grandes pirámides de la IV dinastía

Las tres pirámides más grandes y famosas de toda la historia fueron construidas en Gizeh, en una altiplanicie situada en las inmediaciones de la ciudad de Menfis.

Su característica principal es la pericia con la que se trabajaron inmensos bloques de granito, con un peso de hasta treinta toneladas, que debían ser transportados desde las minas de Asuán, a más de ochocientos kilómetros de distancia. Sin embargo, a pesar de las enormes dificultades, la técnica de trabajo de este material duro y resistente al corte había alcanzado un elevado grado de perfección: los espacios que median entre las piedras son con frecuencia inferiores al medio milímetro. Sólo podemos imaginar la solemnidad y grandiosidad de los conjuntos funerarios, en la época en que se erguían íntegros; por ejemplo, en lo que respecta al de Keops, se calcula, a juzgar por los fragmentos hallados, que debía haber al menos cien estatuas del faraón.

De este soberano (cuyo nombre egipcio era probablemente Khufu o Khnumkhufu), hijo y sucesor de Snofru, se sabe muy poco, salvo que diversos autores antiguos le atribuyen impiedad hacia los dioses y crueldad hacia los súbditos, aunque se trata de rumores sin fundamento.

Heródoto llegó a decir que este faraón obligó a su hija a prostituirse, con tal de conseguir el dinero necesario para la construcción de la pirámide.

En cuanto a la pirámide, surge en torno a un gran núcleo de roca, trabajado parcialmente para apoyar en él los bloques más internos. Se ha calculado de forma aproximada que su número está comprendido entre 2.300.000 y 2.600.000, ¡con un peso global de unos 6.500.000 de toneladas!

La obra de construcción pasó por toda una serie de fases, cada una de las cuales debió constituir un problema formidable para la época, comenzando por la nivelación de la superficie, las excavaciones hasta sacar a la luz la capa de roca y la igualación de la misma. Sólo quedó un gran núcleo rocoso que, oportunamente cortado y preparado, actuó como apoyo para las hileras más internas de bloques de piedra. A continuación se dispuso un estrato de base, hecho de caliza, más tosco en las partes internas, a lo largo del perímetro de piedra blanca de Tura.

Las filas de piedra son hoy 203, aunque originariamente debían ser 210 o más; en varios puntos la piedra ha sido retirada (sobre todo la parte valiosa del recubrimiento externo), o bien está estropeada por causas naturales. Según algunos autores, estas serían también el origen de la pequeña explanada, de unos 10 m de lado, que se halla en la cima de la pirámide, mientras que otros sostienen que los arquitectos la habrían dejado voluntariamente para acoger un obelisco o algún otro elemento.

La base de la pirámide presenta un lado de unos 230 m. Es notable la precisión alcanzada por los antiguos arquitectos, que supieron realizar un cuadrado casi perfecto: las diferencias entre los lados no superan los 20 cm.

La altura actual es de 137 metros aproximadamente. Teniendo en cuenta la «punta» que falta, debía alcanzar unos 146 metros cuando la construcción estaba aún completa. El ángulo de inclinación es de 51° y 52'.

Como hemos señalado, el recubrimiento externo, formado por caliza blanca de Tura, ha desaparecido casi por completo. En la Edad Media, el monumento se consideraba una cómoda cantera. Nadie puede afirmar con exactitud cuántos edificios de El Cairo se construyeron con el valioso material de las pirámides, aunque de algunos episodios se tienen datos bastante fiables. Es bien sabido, por ejemplo, que en 1356 el sultán Hassan utilizó las placas de recubrimiento de las pirámides para erigir su mezquita. No todos los bloques que constituyen la pirámide tienen las mismas dimensiones, pero están «encajados» perfectamente uno junto a otro y unidos con una argamasa muy resistente. Se procuró sobre todo disimular todas las imperfecciones residuales, ocultando, siempre con la argamasa y pequeñas piedras perfiladas, los posibles defectos y fisuras.

La pirámide está perfectamente orientada según los puntos cardinales, con una divergencia de unos tres minutos. Esta característica, sin duda extraordinaria dada la época, ha inducido a los «piramidólogos» a reflexionar sobre los conocimientos científicos que debían tener nuestros antepasados.

La entrada que actualmente utilizan los visitantes de la pirámide no es la prevista en su origen: la entrada monumental se abre en la cara norte, unos 16 m por encima de la base. Esta daba a un corredor descendente, bastante estrecho y con una longitud de más de 100 m. Recorriéndolo, se baja por debajo del nivel del suelo, hasta unos 30 m, y luego se proseguía horizontalmente hasta una gran sala (unos 14 m de longitud, 8 m de anchura y 3,5 m de altura). El corredor prosigue un poco más, pero luego se interrumpe bruscamente, atestiguando, quizás, una modificación del proyecto original. En el centro de la cámara se abre un pozo.

En el punto en que el corredor descendente entra en el subsuelo, unos 28 m después de la entrada monumental, sale de él un segundo corredor, esta vez ascendente (a lo largo de 39 m) y luego llano (36 m), que lleva exactamente al centro de la pirámide, bajo el vértice. Allí se encuentra otra cámara que se denomina «cámara de la reina», situada a unos 20 m por encima del nivel del suelo, de forma cuadrada, con los lados de 5,7 y 5,2 m, y con una altura de más de 6 m.

En la parte oriental hay una hornacina de un metro de profundidad, de la que parte una galería. El techo de esta habitación está formado por grandes placas dispuestas en forma de uve invertida y profundamente introducidas en los muros laterales. Parece ser que la longitud global de dichas placas supera los 6 m. Sus paredes están bien acabadas y existen dos orificios, probablemente para conductos de ventilación, que sin embargo, en apariencia, nunca fueron terminados.

Mientras que algunos expertos piensan que este aposento atestigua un cambio del proyecto durante las obras, otros, por el contrario, son de la opinión de que la cámara de la reina es en realidad la morada secreta *(Serdab)* del sosias del rey, representado por una estatua vivificada por los ritos de la apertura de la boca y de los ojos. Según esta teoría, los canales en las paredes no tendrían el fin de ventilar la sala, sino el de permitir que el alma acudiese a visitar a su sosias.

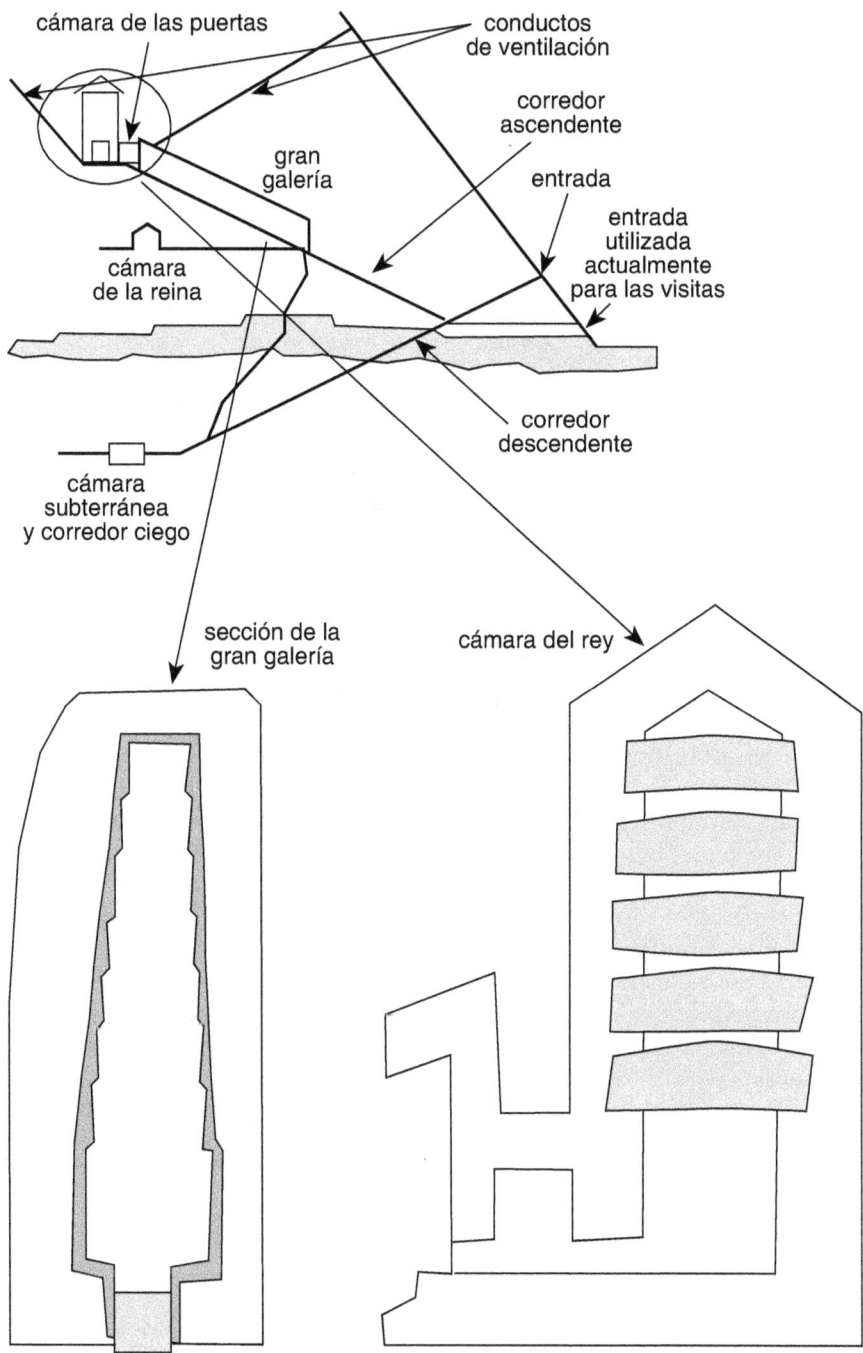

cámara de las puertas

conductos
de ventilación

corredor
ascendente

entrada

gran
galería

entrada
utilizada
actualmente
para las visitas

cámara
de la reina

corredor
descendente

cámara
subterránea
y corredor ciego

sección de la
gran galería

cámara del rey

Fig. 15. *Detalles de la pirámide de Keops*

En el punto en que el corredor ascendente se hace horizontal, comienza la célebre gran galería, un extraordinario tramo de corredor monumental ascendente, un milagro de la arquitectura que ni siquiera hoy deja de sorprender incluso al turista más despistado.

La longitud total supera los 46 m, la anchura los 2 m y la altura los 8 m. El techo es del tipo con voladizo, con placas superpuestas de forma que cada una sobresalga (7 cm) respecto a la inferior. En el suelo se manifiesta una configuración similar, con una especie de rampas de medio metro de anchura aproximada, que corren a los dos lados de la galería en toda su longitud. La parte plana del techo presenta la anchura exacta de la porción de suelo que puede pisarse (1,04 m).

En la entrada inferior de la gran galería se excavó un pozo, cuadrado y de lado algo superior a los 60 cm, que baja hasta unirse con el corredor descendente.

La gran galería se realizó con extraordinaria maestría, desde el punto de vista tanto técnico como del efecto monumental, lo cual resulta inexplicable en relación con el uso al que podía destinarse: era poco adecuada para albergar cortejos fúnebres y similares, ya que era precedida por pasajes demasiado angostos para permitir el acceso de procesiones solemnes; habría sido definitivamente cerrada y oculta con la entrada del féretro en su lugar; y si, como consideran algunos arqueólogos, tenía sólo el objetivo funcional de sostener andamios o permitir el deslizamiento de bloques, ¿por qué rematarla con tanto cuidado?

Por ello se ha formulado la hipótesis de que la gran galería fuese en realidad la galería de los antepasados de Keops: se han hallado veintiocho muescas contrapuestas a lo largo de las paredes, que habrían podido servir como base para otras tantas estatuas. Los relatos de algunos autores árabes, que tuvieron la posibilidad de penetrar en la pirámide con las primeras expediciones de los sultanes medievales, parecen confirmar la presencia de una notable cantidad de esculturas.

En la entrada superior, tras un peldaño y un angosto pasaje, se halla la «cámara de las persianas», un aposento de modestas dimensiones destinado a contener tres placas de granito, que tenían la función de cerrar, como persianas precisamente, el acceso a la cámara del sepulcro.

Una vez superada la cámara de las persianas, se entra por fin en la sala sepulcral, llamada comúnmente «cámara del rey». Se trata de un aposento rectangular, de unos 10 x 5 m, con una altura superior a los 5 m.

Su interior está desnudo, y únicamente contiene un sarcófago de granito, sin ornamentos o inscripciones de ningún tipo. Dado que su anchura es ligeramente superior a la de la gran galería, debió de colocarse en su lugar antes del final de las obras.

También aquí se excavaron dos conductos de ventilación, en las paredes norte y sur, que suben hasta salir al exterior. Según algunos autores, no se abrieron completamente en la época de la construcción, pues de lo contrario el aire externo habría dañado la momia y el mobiliario funerario. Su objetivo sería permitir que la esencia vital del faraón (su *ka*) se desprendiese del cuerpo y se uniese a su sucesor.

Su techo es otro de los elementos que más han hecho reflexionar a arqueólogos y expertos, ya que está formado por nueve enormes monolitos de granito, situados planos, y no se comprende cómo fue posible, en aquellos tiempos, manejarlos e izarlos hasta los 42 m de altura sobre el nivel del suelo donde se halla la cámara del rey.

Encima del techo se halla un sistema de otros cinco aposentos, que, según los arqueólogos y los arquitectos modernos, tendrían la función de descargar el peso de la columna de rocas sobre los lados de la cámara. Tienen la misma superficie que la cámara del rey, pero son mucho más bajos, y están construidos de forma que las placas del techo de cada uno actúen como pavimento para el que está situado arriba.

En las paredes de estos aposentos se han hallado algunas inscripciones, probablemente trazadas por carreteros y maestros de obras, para marcar las piedras con vistas a su correcta colocación. Allí se halló, por primera vez, el nombre del faraón que había encargado la pirámide.

Muchos se han entretenido en buscar relaciones numéricas entre los elementos geométricos de la cámara del rey. Por ejemplo, se ha señalado que la altura a la que se halla es tal que la sección de la pirámide a ese nivel presenta un área igual a la mitad de la de la base, que la altura de la cámara coincide con la mitad de la diagonal, etc.

También sobre las dimensiones del sarcófago (2,29 x 0,98 x 1,05 m, aproximadamente) se han formulado numerosas consideraciones. Dado que el espacio libre en el interior es inferior a las dimensiones exteriores (1,98 x 0,67 x 0,83 m, aproximadamente), se ha objetado que no podía caber en él una momia adornada y recubierta de varios féretros reales, como la de Tutankhamon.

Si suponemos que el sarcófago albergó realmente el cuerpo del faraón difunto, cabe pensar que este estuvo dotado de un adorno mucho menos suntuoso, o que se trató de una estancia temporal, no superior a los dos o tres días necesarios para la realización de los ritos mágicos que habrían permitido el desprendimiento del divino *ka*. Al término de estas operaciones, el sarcófago habría sido considerado sagrado, sellado y custodiado en el sepulcro.

La entrada de la cámara se protegió con una serie de defensas. Ante todo las tres persianas de granito, luego otro gigantesco bloque, antes del comienzo del descenso a través de la gran galería y, al final de esta, más rocas. Los tapones de piedra fueron cubiertos cuidadosamente, a fin de que pasasen desapercibidos, con placas similares a las circundantes.

En el lado sur de la pirámide de Keops surgen otras tres pirámides, mucho más pequeñas, con su corredor descendente, antecámara y cripta funeraria. Una de ellas se atribuye a la reina Henutsen, hija de Snofru así como hermanastra y esposa de Keops.

A la muerte de este gran soberano, le sucedió Djedfre, que, presumiblemente, tuvo un reinado bastante breve, tal vez a causa de ciertas complicaciones políticas y dinásticas. El hecho mismo de que hiciese construir su propia pirámide en Abu Ruwas, unos kilómetros al norte de Gizeh, atestigua su deseo (u obligación) de distanciarse de su propia estirpe.

En cualquier caso, la estructura de este monumento se ha perdido casi por completo, hasta el punto de que ni siquiera es posible establecer si se trataba de una forma geométrica o escalonada. Igualmente imposible resulta calcular su altura y la longitud precisa de su lado, que se supone comprendida entre los 95 y 100 m, o poco más.

Le sucedió Kefrén, que era muy probablemente hijo de Keops y sobrino o hermanastro de Djedfre. A este soberano, como a su padre, los historiadores antiguos le atribuyeron impiedad y crueldad, aunque no hay testimonios capaces de confirmar esta tesis. Su pirámide se mantuvo inviolada mucho tiempo, desafiando los intentos de los arqueólogos modernos. Su altura parece superior a la de la pirámide de Keops, pero sólo porque está situada en un punto del suelo una decena de metros más alto. Además, presenta una inclinación ligeramente superior (52° y 20'), de forma que, a pesar de tener el lado de base más corto (215 m), sólo es 3 m más baja. Su altura original debía alcanzar los 143 m.

Tiene dos entradas situadas en la cara norte, como testimonio de un probable cambio de proyecto durante la obra. Hay una primera cámara, de unos 3 x 10 m, que debía ser la cripta del sepulcro y que muestra huellas evidentes de infiltraciones de agua. Quizá por esta razón fue sustituida por otra, de unos 5 x 15 m, situada más arriba, junto a la segunda entrada. Esta alberga el sarcófago, construido con un bloque de granito, y un pocillo casi cúbico que contenía probablemente los vasos canopes, las vísceras y órganos extraídos de la momia, cuya conservación tenía importantes funciones mágicas.

A unos seis kilómetros de Gizeh, en una localidad llamada Zawiyet el-Aryan, se han encontrado las ruinas de otra pirámide. Aunque actualmente está reducida a una masa de escombros, su esquema recuerda el del monumento de Djedfre, aunque debía de estar realizado a escala mucho mayor. No se sabe a quién pertenecía, aunque se cree que debía ser construida por orden de algún soberano de la IV dinastía cuyo nombre no ha llegado hasta nosotros.

La última pirámide de esta dinastía es la de Mikerinos, un mausoleo de proporciones mucho más modestas que las de sus antepasados. El lado supera en poco los 100 m, mientras que la altura debía alcanzar unos 66 m.

Tiene dos corredores, una cripta de 10 x 3,8 y 4 m de altura, y otra cámara funeraria, la utilizada realmente, a la que se accede, a través de una galería relativamente amplia, desde el pavimento de la cripta. En ella se halló un espléndido sarcófago de basalto, que por desgracia se perdió en el naufragio del barco que lo transportaba a Inglaterra.

EL PAPIRO DE KEOPS

A este soberano le fueron atribuidos varios nombres: además de Keops (recogido por Heródoto), Suphis y Saophis.

Su verdadero nombre jeroglífico era probablemente Khnom-Khufwey. Está representado en la figura 16 *a*, que contiene sólo la segunda parte, *Khufwey*, que significa «Él me protege».

En las cámaras de salida de la gran pirámide fue hallado el jeroglífico completo (fig. 16 *b*), que significa «El sublime Khnom me protege».

El motivo de la frecuente omisión del nombre del dios Khnom en el papiro de Keops puede obedecer a motivos políticos: como ya hemos visto, las diatribas religiosas ocultaban a menudo tensiones entre facciones o etnias distintas. Dado que Khnom era un dios solar originario del Alto Egipto, la misma inscripción de su nombre podía ser considerada una provocación por parte del pueblo y los dignatarios del Bajo Egipto.

Por último, la figura 16 *c* representa el nombre de la pirámide de Keops: «El horizonte luminoso de Khufwey».

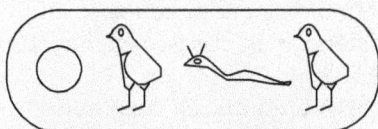

Fig. 16. Pergaminos de Keops y nombre de su pirámide

a) Khufwey - Él me protege

b) El sublime Khnom me protege

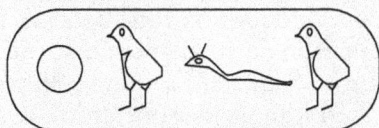

c) El horizonte luminoso de Khufwey

Las pirámides posteriores

Hacia el año 2480 a. de C., por causas que nos resultan desconocidas, terminó la IV dinastía. La V dinastía abarca un periodo de duración ligeramente inferior a un siglo y medio, durante el cual el país alcanzó una considerable prosperidad, favorecida por un gobierno hábil y por una situación caracterizada por la seguridad y tranquilidad en las fronteras.

En este marco, se procedió a una serie de reformas organizativas, basadas en una notable descentralización administrativa. Aunque este proyecto era racional y previsor, chocó con las viejas instancias autonomistas de las diversas regiones del reino y, a la larga, llevó a la disgregación de las instituciones. Este proceso de desintegración se llevó a cabo durante la VI dinastía y provocó el final del Imperio Antiguo.

El primer faraón de la V dinastía fue Shepseskaf, que sucedió a Mikerinos. Interrumpió diversas tradiciones de sus predecesores, entre ellas la de hacerse construir una tumba de forma piramidal: su sepultura es una mastaba, como las que utilizaban los soberanos en tiempos mucho más antiguos.

El lugar principal donde se concentraron los monumentos de este periodo fue Abusir, cerca de Saqqara. Comenzó también el uso de un edificio particular, el templo solar, que, desde el punto de vista conceptual, aparece estrechamente relacionado con la pirámide: ambos derivan de la mitología solar, del relato de la creación del mundo a través de la emanación de la Enéada divina y del *benben* de Heliópolis. Cabe destacar que, en las inscripciones que hacían referencia a estos templos, su nombre iba seguido de un signo particular: una pirámide sin rematar con un obelisco encima, sobre el cual se dibujaba a menudo el disco solar.

Desde el punto de vista estructural, eran santuarios a cielo abierto, en los cuales el culto a Ra, es decir, el Sol, era realizado en presencia del dios en el cielo. Se trataba en la práctica de un amplio recinto, al fondo del cual se erguía una base o zócalo piramidal, que sostenía un obelisco labrado de manera bastante tosca. Esta parte era la más sagrada y, frente a ella, se situaba un altar para las ofrendas.

Según algunos autores, la pirámide con el obelisco rendiría culto a la «luz zodiacal», un fenómeno que en Egipto se observa justo antes del amanecer y del ocaso, y que consiste en un rayo de luz de forma piramidal, con base en la tierra y vértice dirigido hacia el cénit.

Con el sucesor de Shepseskaf, Userkaf, se reanudó la tradición de las pirámides como monumentos funerarios. Sin embargo, las dimensiones de dichas construcciones acabaron por reducirse de forma considerable. La pirámide de este soberano, que presenta un lado de 73 m aproximadamente, se halla cerca del recinto de la de Zoser, en Saqqara. La altura sólo puede calcularse de forma aproximada y, en su origen, debía superar los 50 m. Como es habitual, junto a ella fueron construidas otras más pequeñas, probablemente una ritual y otra para la reina.

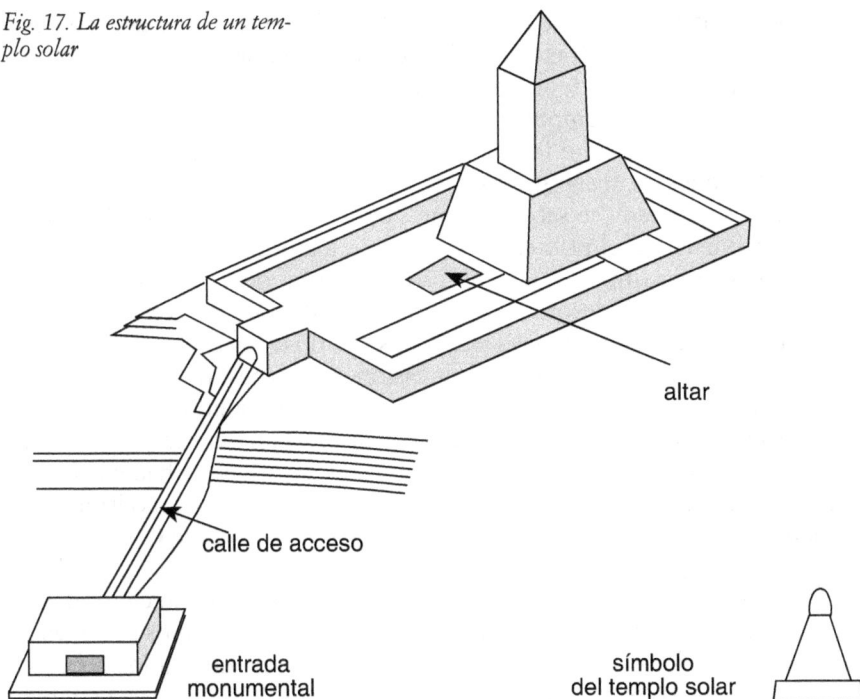

Fig. 17. *La estructura de un templo solar*

altar

calle de acceso

entrada
monumental

símbolo
del templo solar

Su sucesor, Sahure, edificó su conjunto funerario en Abusir. Se trata de edificios mucho menos robustos pero más elegantes que los de Gizeh. En particular, las columnas de los templos ya no tienen sección rectangular, sino que recuerdan la forma de tallos vegetales. También las proporciones de las pirámides están más en sintonía con las de los demás edificios sagrados. Todo ello genera una impresión de mayor armonía, cuando Gizeh impresionaba sobre todo por su grandeza. En la zona arqueológica de Abusir se hallan los restos de diversas pirámides de la V dinastía (Neferirkare, Neferefre, etc.), aunque en su mayor parte se encuentran en ruinas. La VI dinastía comenzó con Tetis, que completó el templo funerario de su predecesor Unas y se apropió del mismo, haciendo escribir su nombre sobre la puerta.

En aquella época la situación del país era perturbada por disputas internas, insurgentes pretensiones de autonomía de las provincias, incursiones de beduinos en las fronteras, etc. Entre estas dificultades, en los conjuntos funerarios se limita el uso de materias nobles, como granito y cuarcita. Simples pilares sustituyen las columnas elegantes de la dinastía anterior. Las características se igualan: las pirámides poseen unos 80 m de base y 50 de altura y están formadas por un núcleo escalonado de piedra local revestido de caliza de Tura, con una antecámara y una cripta recubiertas de bloques enormes de hasta 40 toneladas de peso.

En los años cincuenta de nuestro siglo, en pirámides correspondientes a este periodo se hallaron fragmentos de textos, luego pacientemente reconstruidos, que encierran, de forma heterogénea, la experiencia religiosa de Egipto a partir de los tiempos más remotos, incluso anteriores al comienzo de las dinastías. El último faraón digno de mención de la VI dinastía fue Pepis II. Después de él algunas fuentes mencionan cuatro, otras ocho soberanos, de los que nada se sabe. Así pues, con su nombre se considera prácticamente finalizado el primer periodo de la historia de Egipto, conocido con el nombre de Imperio Antiguo (2660-2180 a. de C.). Siguieron unos ciento treinta años de desórdenes, guerras y confusión política, durante los cuales los soberanos locales y los pequeños estados oligárquicos se impusieron y rivalizaron entre sí. Guerras e invasiones externas, unidas a las carestías, contribuyeron a agravar las condiciones de vida en estos años, que constituyen el primer periodo intermedio, que seguramente conoció además repetidas tentativas por parte de dos dinastías distintas de hacerse con lo que había quedado del poder central. Esta situación se prolongó irremediablemente hasta el advenimiento de la XI dinastía (2052 a. de C.).

Desde el punto de vista de los ritos funerarios, se produjo cierta democratización: lo que al principio estaba reservado a los soberanos se convirtió también en patrimonio de las reinas, para extenderse luego a los gobernadores locales y a los particulares de alto rango. En esta fase apareció también en los textos sagrados la malvada serpiente Apopis, enemiga de Ra, a quien continuamente acecha en su viaje nocturno. Este representa la eterna lucha del sol, que cada día desaparece y resurge, como si diariamente tuviese que derrotar a un enemigo, sin poderse liberar definitivamente de él. Ra, que en su origen representaba una realeza sin oposición, aparece ahora despojado de su poder absoluto, del mismo modo que el faraón ya no ejerce su ilimitada influencia sobre todo y todos.

En este periodo la construcción de pirámides estuvo prácticamente ausente, y no se reanudó hasta el advenimiento de la XI dinastía (originaria de Tebas), cuyos miembros, sin oponerse al culto popular de Osiris, se dedicaron al de Ra, infundiéndole nueva energía y asociándolo a divinidades solares de diversa procedencia: Amón-Ra, Montu-Ra, Sobek-Ra, Khnom-Ra.

El lugar escogido para las sepulturas se hallaba en las proximidades de Karnak, en la orilla occidental del Nilo, en una franja de unos 1.200 m de longitud, donde las tumbas están alineadas. Según los primeros arqueólogos que, en torno a 1860, estudiaron la necrópolis, las tumbas debían estar adornadas por una pirámide de ladrillos. Según los restos hallados, calcularon que el lado de base debía medir unos 15 m.

Hoy en día es difícil comprobar la exactitud de estas afirmaciones, dada la desaparición de los vestigios de estos monumentos. Auténticas pirámides fueron construidas nuevamente por los soberanos de la XII dinastía, hábiles políticos en el interior, decididos y sensatos diplomáticos en las relaciones con el exterior. En esta época las técnicas arquitectónicas habían experimentado una evolución considerable, pero ello, desgraciadamente, perjudicó la conservación de los monumentos que, a diferencia de las toscas y robustas pirámides del Imperio Antiguo, no se mostraron tan sólidas como para desafiar el paso de los milenios. Estas nuevas pirámides estaban revestidas de piedra noble, pero, en general, la estructura era de ladrillos. El proyecto preveía la construcción de una serie de muros, que constituían el armazón. Los intersticios se llenaban luego de piedras u otros materiales de construcción.

El fin de esta dinastía fue seguido, una vez más, por un periodo de divisiones internas, desórdenes y luchas fratricidas. En algunos momentos, en regiones diferentes del país reinaron dos o más soberanos. A esta época se remonta también la dominación por parte de los famosos hicsos, que gobernaron el país y dieron origen a las XV y XVI dinastías.

Sin embargo, algunas regiones, sobre todo en el sur del país, lograron conservar su autonomía y entablar, más tarde, luchas de liberación. En particular, los príncipes tebanos, con Amosis, pudieron reunificar Egipto hacia 1560 a. de C. y fundaron la XVIII dinastía.

De este periodo turbulento solamente quedan las ruinas de dos pirámides, probablemente de la XIII dinastía, y vestigios de una construcción de ladrillo, perteneciente a un soberano hicso. A partir de este momento la época de las pirámides egipcias puede considerarse concluida.

Los misterios de las pirámides

Numerosos hechos inexplicables siguen asaltando a los arqueólogos y alimentando las teorías de quienes estudian las pirámides.

En este apartado los analizaremos, enumerando además, aunque brevemente, las principales explicaciones que se han propuesto con la intención de dar respuesta a estos interrogantes sin resolver.

El color

Una de las controversias surgidas en torno a las pirámides del Imperio Antiguo, y sobre todo a la de Keops, hace referencia a la hipótesis de que el revestimiento externo estuviese parcial o completamente pintado.

Este teoría parece ser confirmada por un jeroglífico que representa una pirámide blanca con la base negra, los lados marrones o rojizos y el vértice celeste o amarillo. Ello podría indicar tanto el uso de tipos particulares de piedras de colores para el revestimiento de las partes externas como su pintura.

A esta consideración se añade el hallazgo, en las proximidades de la pirámide de Keops, de algunos bloques desprendidos que podrían haber pertenecido al revestimiento original, y que presentaban una coloración marrón rojiza en una de las caras. El análisis químico, luego confirmado por los resultados de exámenes espectrográficos, reveló que se trataba de una capa de almagre. Por otra parte, algunos relatos antiguos confirman dicha hipótesis. Por ejemplo, el cronista árabe Maqrizi (1360-1442 aprox.), al citar fuentes más antiguas, dice: «Cuando se terminaron, se recubrieron de arriba a abajo de color rojo».

La preparación del terreno

Una vez escogido el lugar, se despejaba la arena y se dejaba al desnudo la roca situada debajo, para nivelarla a continuación. En el caso de la gran pirámide de Gizeh, esta operación se realizó con tal precisión (un desnivel de 1 cm aproximadamente entre uno y otro lado de la base) que cabe preguntarse cómo fue posible sirviéndose de la tecnología de la época. Las teorías más acreditadas formulan la hipótesis de la excavación de una red de pequeños fosos, los cuales eran llenados luego de agua. Los obreros nivelaban el terreno entre estos pequeños canales, hasta alcanzar exactamente el nivel del líquido. Entonces se podía vaciar el agua y rellenar los fosos.

Extracción y transporte de los bloques de piedra

Las canteras de caliza utilizadas estaban situadas probablemente en Tura, en la orilla oriental del Nilo, a una distancia no excesiva de Gizeh. El granito, por su parte, procedía de lugares mucho más lejanos, presumiblemente de Asuán.

La extracción y trabajo de esta piedra debía constituir una labor difícil, peligrosa y sumamente pesada. Los canteros debían ser muy hábiles en el aprovechamiento de las fisuras naturales en la roca para introducir sus cuñas y forzar el desprendimiento de las rocas. Cuando ello no era posible, en el caso de la caliza, se excavaban pequeñas trincheras a fin de delimitar las dimensiones deseadas. El uso de las cuñas de madera era imprescindible para facilitar el desprendimiento. Dichas cuñas se mojaban de forma que, al dilatarse, ejerciesen la presión necesaria.

En el caso del granito, algunos especialistas consideran que la única fuente de abastecimiento debía consistir en las rocas que se desprendían de manera espontánea, puesto que el corte era demasiado complicado.

No obstante, algunos de los monolitos muestran todavía con claridad las señales de las cuñas que los arrancaron de las montañas. En Asuán se han encontrado además esferas de dolerita, una piedra sumamente dura, que podrían haberse utilizado como «martillos» para mellar el granito.

A continuación las rocas debían perfilarse. Se cree que se utilizaban sierras de cobre (el único metal conocido en aquella época), frotadas con gránulos de cuarzo oportunamente rociados con agua. Luego era preciso alisar las superficies, utilizando polvos abrasivos de cuarzo o arena. Para el granito se utilizaba también la técnica de calentar al rojo vivo una cara y enfriarla luego bruscamente con agua. De esa forma la superficie del bloque tendía a disgregarse y a facilitar el alisado con utensilios de piedra.

48

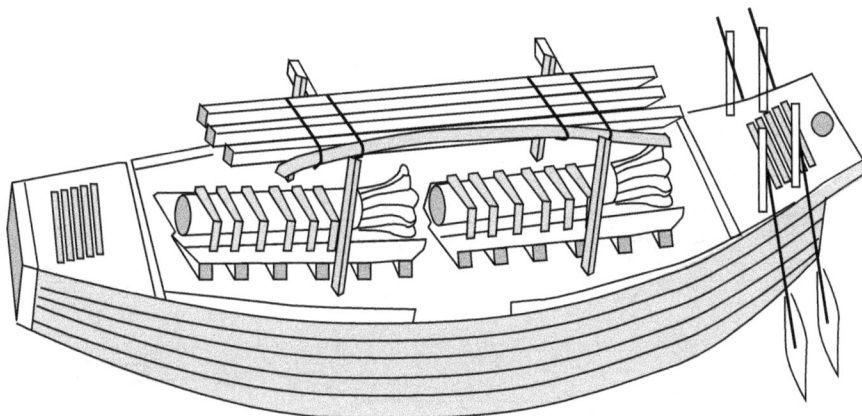

Fig. 18. Reconstrucción de una embarcación de transporte

Pero el problema fundamental, que aún hoy deja perplejos a los expertos, se refiere al transporte de los bloques desde el punto de extracción hasta el lugar escogido para la edificación.

El transporte tenía lugar sobre todo por el Nilo, en balsas que cargaban pesos iguales o superiores a las 2,5 toneladas. En el caso de algunos edificios se habla incluso de bloques de 200 toneladas. La anchura de estas embarcaciones debía ser considerable. Sin embargo, no se han hallado restos que atestigüen su existencia. Existen representaciones y bajorrelieves relativos al transporte de columnas y obeliscos, pero se refieren a épocas posteriores a la de las pirámides de Gizeh. Probablemente, al menos para los bloques más pesados, se aprovechaba el periodo de crecida, que permitía acercarse más a las obras, a pesar de que la corriente dificultase la navegación.

Las balsas eran arrastradas por otras embarcaciones, o bien por hombres a pie a lo largo de las orillas. No obstante, suponiendo la existencia de balsas capaces de soportar el peso de los monolitos y de no volcarse durante el trayecto, ¿cómo era posible cargarlas y descargarlas? Si efectivamente se escogía el periodo de la inundación para el viaje, ¿cómo se podía navegar con seguridad, con embarcaciones tan pesadas, entre los bancos de arena que las corrientes movían hacia las orillas? Y, una vez en el destino, ¿que tamaño debían tener los brazos de las grúas para apoyar las rocas sobre arena lo bastante compacta para no permitir que se hundiesen? No hay que olvidar que en los años sesenta, cuando se procedió al desplazamiento de los templos a fin de dejar espacio a la presa de Asuán, muchos monolitos tuvieron que cortarse porque, a pesar de la tecnología moderna, no se lograba desplazarlos enteros. ¿Cómo lo habían conseguido los egipcios miles de años antes?

Algunos autores han supuesto que el transporte se producía por tierra, con vehículos provistos de ruedas, o bien con trineos especiales. Dado que el terreno no es lo bastante sólido para no ceder bajo el peso de los bloques de piedra, se cree que el trayecto era preparado oportunamente con una

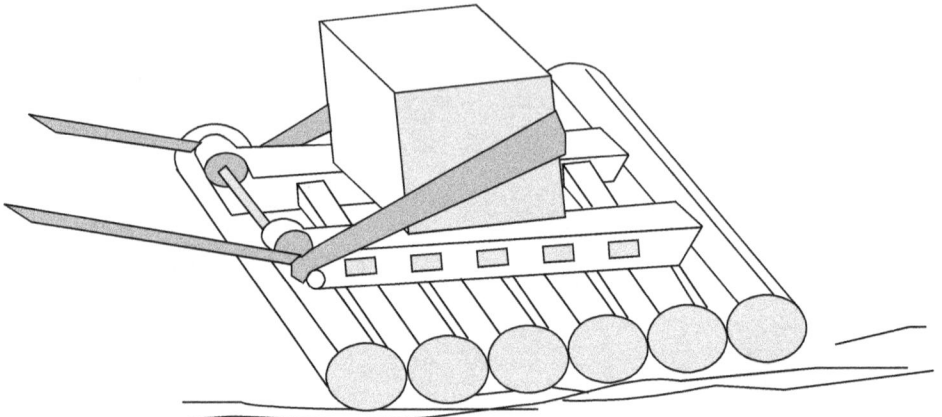

Fig. 19. Un trineo para el transporte por tierra. El movimiento se facilitaba colocando troncos de árbol sobre la pista

especie de pavimento de madera y se vertían aceite y agua bajo los trineos para reducir la fricción. Este sistema es documentado por algunas pinturas tardías (XVIII dinastía), por lo que debió de hallar aplicación efectiva.

Sin embargo, no queda claro dónde se conseguía toda la madera necesaria (no abunda en la zona), teniendo en cuenta que esta, al estropearse y romperse bajo aquellos pesos gigantescos, debía sustituirse con frecuencia. Según el egiptólogo O. Tellefsen, se aprovechó ampliamente el principio de la palanca, tanto para la construcción como, con toda probabilidad, para el desplazamiento de los bloques. Afirmó haber visto, en épocas modernas, a tres hombres desplazando a orillas del Nilo grandes piedras, cuyo peso podía ser aproximadamente de 2 toneladas.

Estos hombres utilizaban un dispositivo formado por una larga palanca dotada de dos brazos: al brazo más largo se ataba una superficie horizontal y al más corto la roca que era necesario mover. Acumulaban piedras sobre la superficie hasta que la palanca comenzaba a levantarse.

Entonces era posible mover el brazo en la dirección deseada. A continuación los pesos eran retirados. De esta forma, pocos obreros habrían podido manejar pesos que, con otros sistemas, habrían requerido los esfuerzos de un considerable número de personas.

El levantamiento de los monolitos

La teoría de Tellefsen nos introduce en uno de los puntos más misteriosos de la realización de las pirámides: ¿cómo fueron levantadas rocas tan pesadas hasta alturas tan elevadas? En *Los siete libros de la Historia* (libro II, cap. 125), el historiador griego Heródoto (nacido en el 484 a. de C.), que tuvo ocasión de visitar las pirámides y de informarse con los sacerdotes locales, afirma:

Y esta pirámide se construyó así: ante todo de forma escalonada, con una serie de niveles, llamados por algunos «prominencias», por otros «basamentos de altar»; luego, cuando la hubieron hecho de esa forma, levantaban las piedras restantes por medio de máquinas, formadas por pequeñas vigas, alzándolas del suelo hasta el primer nivel; cada vez que las piedras llegaban allí, se colocaban en otra máquina, ya preparada en el primer nivel, y, desde este, eran llevadas al piso sucesivo y a otra máquina.

Dado que eran muchos los niveles de la pirámide, otras tantas debían ser las máquinas; o quizás era la misma y única máquina, fácil de manejar, que transportaban de un piso a otro, después de liberarla de la piedra.

Arqueólogos e ingenieros han tratado de averiguar qué podía querer decir Heródoto con sus «máquinas formadas por pequeñas vigas», y así han imaginado una serie de árganas, pinzas, palancas, etc., así como los «ascensores de oscilación» (G. Legrain, 1914). Las figuras 20 y 21 dan una idea de estos mecanismos, que en general son poco creíbles, o bien por la excesiva complicación, o bien porque, una vez realizados y experimentados con maquetas, han dado resultados decepcionantes. Otros expertos opinan que se dispuso de un sistema de canales, compuertas y diques, excavados especialmente para este uso, que habrían permitido a las embarcaciones cargadas de material subir hasta la altura necesaria (véase fig. 22).

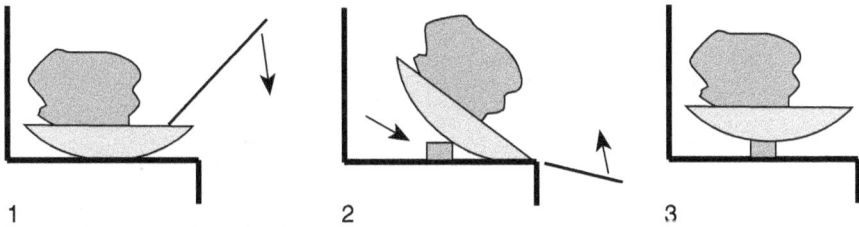

1   2   3

Fig. 20. El ascensor de oscilación

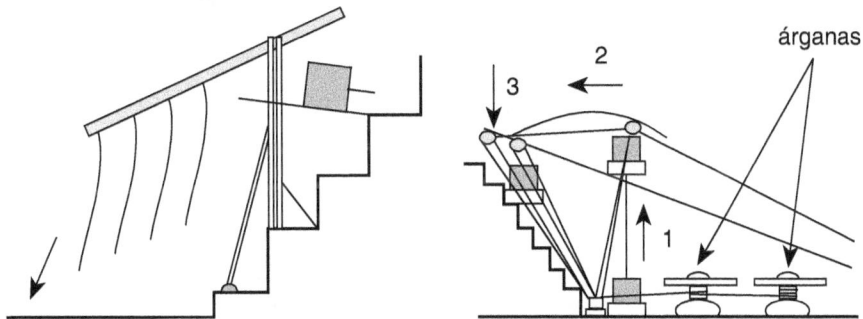

Fig. 21. Diversos tipos de grúas

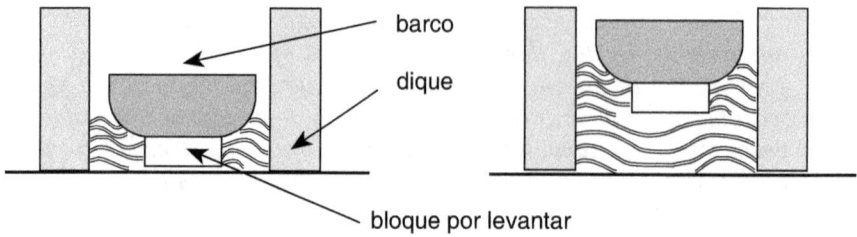

barco

dique

bloque por levantar

Fig. 22. Levantamiento con canales y diques

Quien por el contrario no ha dado el menor crédito a Heródoto considera que la construcción tuvo lugar gracias a una serie de rampas: planos ligeramente inclinados a lo largo de los cuales las rocas habrían sido empujadas hasta su posición definitiva. Una vez finalizada la pirámide, estas construcciones provisionales, de dimensiones imponentes, debían derribarse.

En cualquier caso, sus vestigios han sido hallados por los arqueólogos, junto con algunos testimonios de su existencia en los bajorrelieves y en algunas inscripciones antiguas. La figura 23 ilustra algunos intentos de reconstrucción de las mismas.

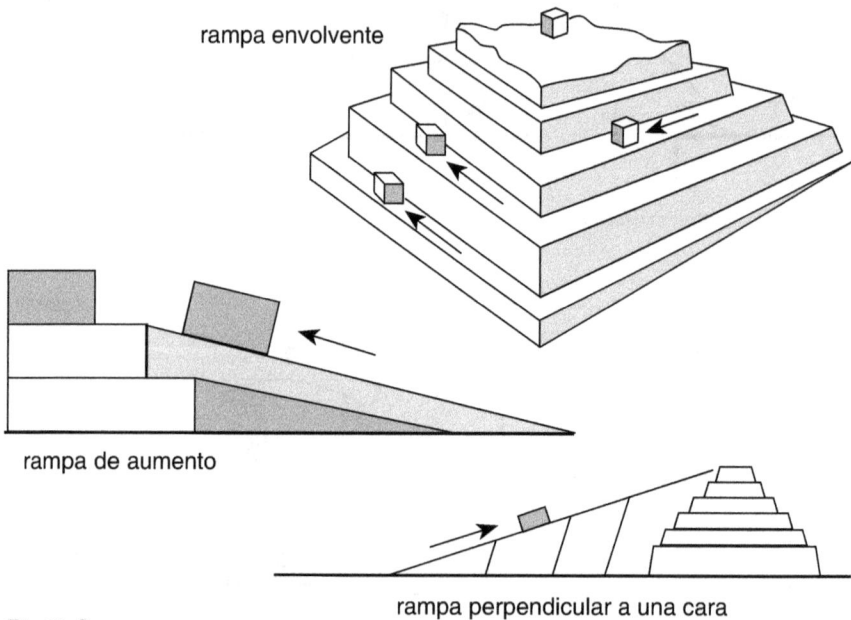

rampa envolvente

rampa de aumento

rampa perpendicular a una cara

Fig. 23. Las rampas

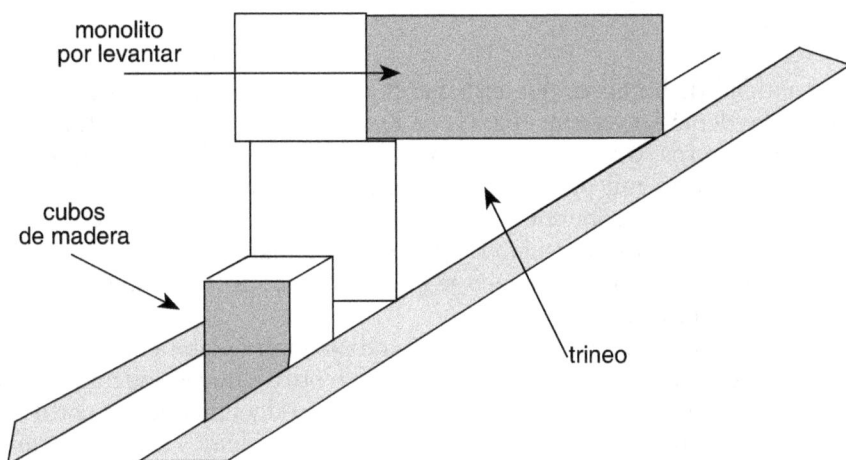

Fig. 24. Esquema del dispositivo de Pincherle

Merece la pena citar una original teoría, propuesta por M. Pincherle[2], para explicar, en particular, el problema de la colocación de los enormes monolitos que forman la cámara del rey de la pirámide de Keops.

Partiendo del relato de Heródoto y examinando el interior de la pirámide, los expertos intuyeron que la gran galería podía haber servido de plano inclinado para subir los enormes bloques durante la construcción. Pero, ¿qué fuerza fue capaz de empujarlos?

Observaron entonces que un pequeño bloque de madera mojado se expande en sentido perpendicular a sus fibras, y se encoge al secarse. Los arquitectos egipcios debían conocer este principio porque, como hemos visto, se utilizaban cuñas de madera mojada para desprender la piedra de las canteras. Este es el significado de las «pequeñas vigas»: unos cubos de madera se cortaron y luego se colocaron en fila detrás de la roca que había que levantar. Al mojarlos todos al mismo tiempo, su aumento de volumen habría hecho subir la piedra. Según los cálculos y pruebas efectuados por Pincherle, con cincuenta cubos de 1 m de lado se habría obtenido una elevación superior a un metro.

Una maqueta con funcionamiento perfecto, a escala 1:25, confirmó que su hipótesis tenía validez sólo sobre el papel. Estudió también diversos detalles de la construcción, que habrían permitido sustituir fácilmente los cubos mojados y llevarlos al sol para secarse, a fin de repetir la operación varias veces hasta alcanzar la altura necesaria.

2. *Come splose la civiltà*, Milán, 1974.

Los obreros

La cantidad de hombres que trabajaron en la construcción de las grandes pirámides debió ser enorme. Para la de Keops, Heródoto habla de turnos de cien mil obreros, que se alternaban cada tres meses. Se calcula que más de cuatrocientas mil personas habrían participado en la empresa. Este cálculo parece desproporcionado respecto a las estimaciones acerca de la población completa del antiguo Egipto (entre un millón y medio y dos millones de habitantes), pero tampoco se puede considerar fiable un número de obreros inferior a cien mil.

¿Dónde se reclutaba esta masa de trabajadores? Cabe precisar que la presencia de esclavos (prisioneros de guerra u otros), que el soberano podía usar a voluntad para las obras públicas, sólo está documentada a partir del Imperio Nuevo (XVIII dinastía), por lo que no podemos asegurar que la misma usanza se practicase en tiempos más antiguos.

Probablemente, el relato de Heródoto, que habla de turnos de tres meses, tiene una base de verdad en el sentido de que la mano de obra especializada se dedicaba establemente a la construcción, mientras que la genérica era reclutada entre los habitantes del campo durante periodos no demasiado largos, a fin de no empobrecer el país.

Sea como fuere, hubo que afrontar enormes problemas logísticos para alimentar, alojar, mover y coordinar a semejante masa de trabajadores.

Según una leyenda los constructores de las pirámides fueron muertos al final de su obra para que no revelasen el secreto de las galerías que llevaban al sepulcro del faraón.

Es absurdo pensar que todos los participantes en la construcción fueron asesinados: en poco tiempo Egipto se habría quedado sin hombres válidos. Pero también parece inverosímil considerar que el secreto de las galerías lo conociera sólo un reducido grupo de personas, de forma que habría sido suficiente eliminar a estas para *enterrar* —en el sentido literal del término— el secreto de la pirámide. Por ello, la mayoría de los arqueólogos tiende a creer que esta es una de las muchas leyendas nacidas en torno a estos excepcionales monumentos.

La orientación

Como hemos indicado en varias ocasiones, los egipcios atribuían una particular importancia a la correcta orientación de sus monumentos; la inmensa mayoría de las pirámides tiene los lados dirigidos en dirección norte-sur y este-oeste, con una precisión muy notable.

Sería muy interesante saber si esta operación era efectuada con referencia al norte geográfico o al magnético. En el segundo caso, se confirmaría la relación entre pirámides y energía terrestre, con todas las implicaciones sobre los posibles fines «secretos» de tales edificios.

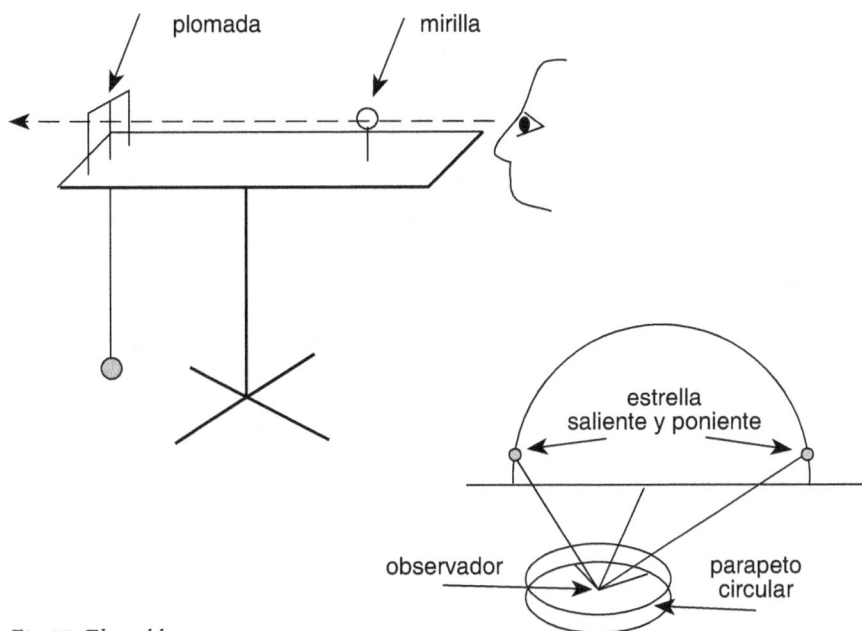

Fig. 25. El merkhet *y su uso*

No obstante, según los egiptólogos, en la época que nos ocupa solamente se conocían los polos geográficos. Además, teniendo en cuenta la variabilidad del campo magnético local, no resulta fácil determinar cuál era, en la época de la construcción, la dirección del norte magnético.

Algunas pirámides presentan cierto alejamiento: por ejemplo, la de Zoser, de 3° hacia el este. Pero los tres colosos de Gizeh, al contrario, muestran una precisión prodigiosa: 0° y 5' las de Keops y Kefrén, 0° y 14' la de Mikerinos. Se ha formulado la hipótesis de que los sacerdotes de la época hubiesen aprendido a determinar los puntos cardinales a partir de la observación de las estrellas fijas, un método mucho más preciso que el basado en el sol, cuyos puntos de salida y puesta cambian a diario. Algunas inscripciones (aunque mucho más recientes) confirman esta hipótesis: «Yo he cogido el piquete y el mango del palito sosteniendo la cuerda. Yo he observado el movimiento de las estrellas y he concentrado mi atención en el Muslo de Buey (Osa Mayor). Yo he pasado el tiempo observando con la ayuda del *merkhet*. Yo he calculado los ángulos de tu templo».

El *merkhet* era un instrumento constituido por una regla en uno de cuyos extremos colgaba una plomada. Una tabla con una hendidura vertical, que hacía las funciones de mirilla, completaba el instrumento.

Probablemente, los antiguos «astrónomos» se situaban en el centro de un parapeto circular, que hacía las funciones de horizonte, y aguardaban la aparición de una estrella determinada. Entonces dirigían su *merkhet* hacia esa estrella y marcaban la dirección. A continuación esperaban a que se pusiese y trazaban nuevamente la dirección. Dado que cada estrella recorre una órbita que tiene el norte como centro, bastaba determinar la bisectriz del ángulo hallado, que se dirigía precisamente hacia el punto cardinal. Según otros expertos, la determinación se llevaba a cabo observando las sombras de un mástil al amanecer y al ocaso del día del equinoccio, cuando una de dichas sombras es la exacta prolongación de la otra y ambas indican la dirección este-oeste. Todas estas hipótesis, lógicamente, presuponen que los hombres de la época supiesen establecer con precisión la fecha de los equinoccios y solsticios, circunstancia sobre la cual no todos los especialistas están de acuerdo. Independientemente de las diferentes hipótesis, una cosa es cierta: ninguna explicación es considerada satisfactoria porque resulta difícil resignarse a la idea de que unos seres humanos recién salidos de la prehistoria, con unos medios y conocimientos rudimentarios según los arqueólogos, consiguiesen realizar milagros de ingeniería tan imponentes y precisos al mismo tiempo.

En esta innegable dificultad encuentra su explicación la hipótesis de muchas personas interesadas en las pirámides, según la cual los antiguos egipcios debían poseer una serie de conocimientos secretos, equivalentes o, en determinados ámbitos, incluso superiores a los nuestros.

El núcleo central

Como ya hemos indicado, dentro de la pirámide de Keops existe un núcleo central rocoso. Según una interesante teoría de M. Pincherle, un ingeniero que se ha dedicado al estudio de las tecnologías de la Antigüedad, este núcleo no sería una masa de roca natural, sino una construcción más antigua que la propia pirámide. Pincherle llegó a formular esta hipótesis a partir de la observación de los materiales de construcción empleados: noble granito en el interior y modesta caliza en las partes más exteriores de la pirámide. Además, la disposición del granito sugería la idea de un diseño particular, de una estructura que no resultaba visible sólo porque estaba cubierta por las toneladas de bloques calcáreos que constituyen el cuerpo de la pirámide.

Al profundizar en esta intuición y tratar de dibujar la silueta de esta hipotética construcción oculta, Pincherle encontró una torre de unos 60 m de altura que culminaba con la cámara del rey y las cámaras de descarga. En su interior, más abajo, se hallaba incluida también la cámara de la reina. Su forma recordaba la de un símbolo sagrado egipcio, vinculado a Osiris y llamado *zed*. Estaba completamente rodeada por la piedra, pero un delgado intersticio la separaba del resto de la construcción. La pirámide podía tener como objetivo principal la protección de esta torre más antigua, tal vez incluso antediluviana, y con un carácter más sagrado. El llamado sepulcro, en particular, no habría sido sino una versión del arca de la que se habla en la Biblia.

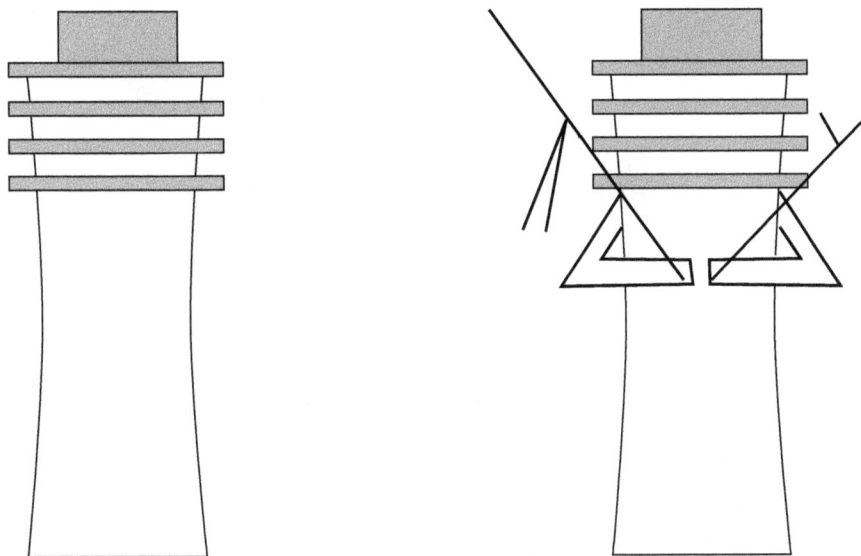

Fig. 26. El zed

Las dimensiones de la base de esta torre, que, lógicamente, nadie ha podido medir de forma directa, se han calculado en 9,5 m x 18 m. Si tenemos en cuenta que, en la cima de la pirámide escalonada de Saqqara, se encuentra un espacio de iguales dimensiones, cabe incluso pensar que, en su origen, esta podía hallarse en la parte superior de esta construcción, y que se desmontó, se transportó, se volvió a montar y se ocultó en un segundo tiempo dentro de la pirámide de Keops.

En algunos casos, el *zed* es representado como un hombre estilizado que sostiene los dos símbolos del poder, el cetro y el látigo. Esta es una posible interpretación de los dos conductos de ventilación presentes en la cámara del rey, cuyas direcciones parecen corresponder a los antiguos dibujos. Además de revestir un significado simbólico, los dos canales tendrían también la finalidad de transformar el *zed* en un reloj capaz de medir las épocas cósmicas, ya que el canal norte se dirige hacia el «punto polar» del cielo, en torno al cual gira la bóveda celeste. En nuestra época este punto está ocupado por la estrella polar. No obstante, dado que este no permanece inmóvil, sino que se mueve de forma imperceptible, describiendo un círculo en el firmamento, con el paso de los años (es más, de los milenios) lo ocuparán otras estrellas. Así, si imaginamos que podemos mirar el cielo a través del canal de ventilación norte, cuando veamos que «vuelve a pasar» la misma estrella del tiempo en que se construyó la pirámide, sabremos que se ha cumplido un «ciclo» de la historia del mundo.

Consideraciones análogas resultan válidas para el canal sur.

TESTIMONIOS HISTÓRICOS
SOBRE LAS PIRÁMIDES EGIPCIAS

Heródoto (484-426 a. de C. aprox.)

«[...] Keops [...] se permitió toda clase de crueldades. Clausuró todos los templos, prohibió a los egipcios celebrar sus sacrificios y además les obligó a todos a trabajar para él. Algunos tuvieron la función de arrastrar hasta el Nilo las piedras extraídas de las canteras que se encontraba en las montañas de Arabia, se enviaron a otras equipos para recibir estas rocas, transportarlas en barco a la otra orilla del río y arrastrarlas hasta las montañas denominadas de Libia.

»Había ininterrumpidamente en las obras cien mil obreros que eran relevados cada tres meses. Así se oprimió a la población inicialmente durante diez años para construir la pista sobreelevada por la que se arrastraban las piedras, ya que la excavaron con sus manos, y es una obra que no es menos considerable, en mi opinión, que la pirámide [...]. Esta pista costó diez años de trabajo, así como las cámaras subterráneas excavadas en la colina en la que se elevan las pirámides, cámaras que el rey hizo construir para que le sirviesen de tumba en un punto que convirtió en una isla desviando a un canal las aguas del Nilo. La propia pirámide precisó veinte años de esfuerzos [...].

»Contaban que Keops alcanzó tanta maldad que, necesitando dinero, tras poner a su hija en un prostíbulo le ordenó que exigiese cierta suma de dinero —no decían exactamente cuánto— y ella cumplió las órdenes de su padre, y además pensó en dejar también ella personalmente un monumento suyo, y a cada hombre que la visitaba le pedía que le regalase una piedra para sus obras. Y con estas piedras cuentan que se construyó la pirámide que surge entre las tres, frente a la gran pirámide [...].

»Decían los egipcios que Keops reinó durante cincuenta años, y que, a su muerte, recibió el reino su hermano Kefrén. Este siguió los mismos sistemas que el otro, y construyó también una pirámide, aunque no alcanzaba las dimensiones de la de él [...] no hay en ella aposentos subterráneos, ni le llega un canal procedente del Nilo como a la otra [...]. Decían que Kefrén reinó cincuenta y seis años.

»[...] Después de estos decían que reinó en Egipto Mikerinos, hijo de Keops [...]. También este dejó una pirámide, mucho más pequeña que la de su padre [...]. Algunos griegos dicen que es de la hetaira Rodopis, pero no hablan con motivo; es más, a mí me parece que hablan sin saber siquiera quién era Rodopis, ya que de lo contrario no le atribuirían la construcción de una pirámide para la cual se gastaron muchos millares de talentos [...].

»Después de Mikerinos los sacerdotes decían que se convirtió en rey de Egipto Asiquis [...] queriendo este rey superar a los que antes que él habían sido reyes de Egipto, dejó como monumento una pirámide de ladrillo [...].»

Diodoro Sículo (90-20 a. de C. aprox.)

«Su [...] sucesor fue Kemmis, nacido en Menfis, que reinó cincuenta años. Fue él quien hizo construir la mayor de las tres pirámides, que es considerada una de las siete maravillas del mundo [...]. Está construida toda entera de piedras muy difíciles de trabajar, pero que tienen una duración eterna; aunque la pirámide existe desde hace mil años según algunos o incluso desde hace tres mil cuatrocientos según otros, se ha conservado hasta hoy sin el menor deterioro. Las piedras se habían hecho traer del interior de Arabia y para levantarlas se habían utilizado terrazas. Pero lo más incomprensible de esta obra es que [...] no se observa ningún rastro ni del transporte, ni del corte de las rocas, ni de las terrazas de que hemos hablado, de forma que parece que [...] los dioses hayan colocado de un golpe este monumento en medio de aquellas tierras. Algunos egipcios dan una explicación de este hecho igualmente fabulosa e increíble. Sostienen que estas terrazas se habían hecho con una tierra llena de sal y salitre, de forma que al desbordarse el río las hizo desaparecer sin necesidad de obreros [...]. A Kemmis le sucedió su hermano Kefrén, que reinó cincuenta y seis años. Sin embargo, algunos dicen que Kemmis había dejado el reino no a su hermano, sino a su hijo, llamado Chabruis. Pero todo el mundo está de acuerdo en que su sucesor, fuese quien fuese, [...] erigió la segunda pirámide, tan bien hecha como la primera, aunque algo menos grande [...]. Aunque estos dos reyes las hicieron para que les sirviesen de sepultura, ninguno de los dos fue enterrado en ellas. La población, irritada por los trabajos insoportables a que se había visto condenada y por las demás violencias de estos dos reyes, juró que sacaría sus cuerpos de estos monumentos para dejarlos al aire libre.

»Los dos reyes, que fueron informados, pidieron a sus amigos que depositasen sus cuerpos después de la muerte en lugares seguros y secretos.

»Después de ellos reinó Mikerinos [...], hijo de Kemmis, que había construido la primera pirámide. Inició la construcción de una tercera, pero murió antes de la finalización de su proyecto [...]. Hay otras tres [...]. En proporción son como las demás. Fueron construidas por los tres reyes anteriores para la sepultura de sus esposas.»

Estrabón (63-19 a. de C. aprox.)

«A cuarenta estadios de Menfis se extiende una landa montañosa en la que se levantan algunas pirámides que son otras tantas sepulturas reales [...] dos de ellas se enumeran entre las siete maravillas del mundo [...]. Una de las dos es algo más grande que la otra. A cierta altura, en uno de los lados, se halla una piedra móvil que una vez retirada deja a la vista la entrada de una galería tortuosa que termina en la tumba.

»[...] Algo más lejos y en un punto más elevado de la montaña está la tercera pirámide que, a pesar de sus dimensiones inferiores a las otras, costó mucho más de construir: esta diferencia se debe a que desde la base hasta la mitad de la altura aproximadamente no se utilizó otra piedra que la piedra negra empleada para la construcción de los sepulcros, piedra que se trae de las montañas situadas en el extremo de Etiopía [...]. La pirámide en cuestión se considera la tumba de una célebre cortesana edificada a costa de sus amantes.»

Plinio el Viejo (23-79 d. de C.)

«[...] según la mayoría, los reyes no tuvieron otro motivo para construirlas que no dejar dinero a los sucesores o a rivales conjurados o no dejar al pueblo inactivo. La vanidad de los egipcios se ejercitó mucho en este tipo de construcciones, y existen restos de numerosas pirámides inacabadas [...]. La pirámide más grande es de piedra de Arabia. Se dice que trescientos sesenta mil hombres trabajaron en ella durante veinte años y que las tres pirámides se terminaron en setenta y ocho años y cuatro meses [...].

»[...] Existe desacuerdo sobre quién construyó las pirámides; la suerte, en este caso muy justa, ha hecho olvidar a los promotores de obras tan vanas [...]. No queda, en los contornos, ninguna huella de construcción. Alrededor se extiende una arena de granos lentiformes como puede verse en la mayor parte de África. Un problema difícil es saber cómo llevaron los materiales a semejante altura; según algunos fueron construidas unas terrazas de salitre y sal a medida que la construcción avanzaba y cuando se terminó las disolvieron las aguas del Nilo; según otros se construyeron unos puentes de tierra que, una vez acabadas las obras, fue repartida entre las casas de los campesinos; dicen que el Nilo no pudo llevarse hasta allí porque corre mucho más abajo. En la pirámide más grande hay un pozo [...] se cree que recibió el agua del Nilo [...]. Y por último, [...] la pequeña, pero la más célebre, fue construida por una cortesana, Rodopis. Esta mujer compartió la esclavitud y el lecho con Esopo, el narrador de fábulas; y la mayor maravilla es que una cortesana pudiese con la práctica de su oficio amasar riquezas tan grandes.»

Al-Masudi *(siglo X d. de C.)*

«[...] por su orden [del califa Al-Mamún] se abrió una brecha que·es visible aún hoy; y para hacerlo se utilizaron el fuego, el vinagre y las palancas [...] estos hallaron, en el fondo de un pozo, una bandeja de piedra verde llena de monedas de oro [...]. Al-Mamún admiró la pureza de aquel oro, y habiendo hecho calcular los gastos realizados para abrir la brecha en la pirámide se descubrió que el oro que se había hallado en ella era el exacto equivalente de dicho gasto. El califa quedó muy impresionado al ver que los antiguos habían podido conocer con precisión la suma que se gastaría y el lugar donde se hallaría la bandeja con las monedas. Se dice que esta bandeja era de esmeralda; Al-Mamún la colocó entre sus tesoros y era una de las maravillas más extraordinarias fabricadas en Egipto.»

Abu Mohammed Abd Allah ben Abd el-Rahim el Hokm *(siglo XII d. de C.)*

«Se cuenta que en tiempos de Al-Mamún penetró en ella un hombre y que llegó a una pequeña cámara donde se hallaba una estatua de un hombre de piedra verde. Esta estatua fue llevada ante Al-Mamún. Tenía una tapa que se retiró y se halló el cuerpo de un hombre revestido con una coraza de oro incrustado de todo tipo de piedras preciosas; en el pecho se apoyaba una espada de valor incalculable, y, en la cabeza, un rubí del tamaño de un huevo, que relumbraba como una llama [...].»

Maqrizi *(1360-1442 aprox.)*

«[...] el rey ordenó construir las pirámides y practicar en ellas unos corredores a través de los cuales el Nilo pudiese penetrar hasta un punto determinado, para luego deslizarse hacia ciertas regiones del oeste y del Said. Hizo que llenasen las pirámides de talismanes, maravillas, riquezas e ídolos; hizo que depositasen en ellas los cuerpos de los reyes y, según sus órdenes, los sacerdotes escribieron sobre estos monumentos todas las máximas de los sabios [...] todas las ciencias familiares a los egipcios, fueron dibujadas las figuras de las estrellas, inscritos los nombres de las drogas y sus propiedades útiles y nocivas, la ciencia de los talismanes, de las matemáticas, de la arquitectura [...]. Al llegar a la plataforma de las pirámides, uno colocaba una losa, en cuyo centro se perforaba un agujero, en este agujero se clavaba verticalmente una barra de hierro, luego se apoyaba en la primera losa una segunda [...] luego se vertía plomo fundido en el orificio en torno a la barra, a fin de fijar las dos losas y hacerlas inseparables; se construía así hasta completar la pirámide [...]. La construcción de estas pirámides se comenzó en una conjunción favorable de las constelaciones [...]. Cuando se terminaron se recubrieron de arriba a abajo de color rojo y se organizó para ellas una fiesta en la que participaron todos los habitantes de Egipto [...]. A cada pirámide se le asignó un guardián. La pirámide occidental se colocó bajo la protección de una estatua de granito [...] con una víbora enroscada sobre sí misma. Si alguien se acercaba a la estatua, la víbora se lanzaba sobre él, se enroscaba en torno al cuello, lo mataba y regresaba a su lugar. El protector de la pirámide oriental era una estatua de piedra negra punteada de blanco con los ojos abiertos y brillantes [...].

»Si alguien lo miraba, oía salir de la estatua una voz espantosa que le hacía caer boca abajo, y allí moría sin poderse levantar. Sobre la pirámide pintada velaba una estatua de piedra, tal que, si alguien la miraba, era atraído hacia ella, se adhería a la misma y no se podía separar hasta después de muerto [...]. Los coptos cuentan también que el espíritu destinado a la pirámide del norte es un diablo amarillo y desnudo, cuya boca está provista de largos dientes. El de la pirámide del sur es una mujer que muestra sus partes naturales; es bella, pero su boca tiene largos dientes, atrae a los hombres que la miran, les sonríe, y les hace enloquecer. El espíritu de la pirámide pintada es un viejo que sostiene un incensario donde arden perfumes.»

Barón d'Anglure (s. XIV)

«Vimos pues que en la cima de uno de aquellos graneros [las pirámides, interpretadas como los graneros de José], así como a media altura, había unos obreros que desprendían con fuerza las grandes piedras cuadradas que formaban el revestimiento de estos graneros, y las dejaban rodar hacia abajo. La mayoría de los hermosos palacios de El Cairo y Babilonia están construidos con esas piedras y esto, nos dijeron, lo venían haciendo desde muchos años atrás; nuestro intérprete y otros nos aseguraron y juraron que más de mil años atrás se había comenzado a retirar ese revestimiento y a derribar esos graneros que a pesar de ello están desmantelados apenas hasta la mitad.»

Edme François Jomard (1777-1862)

[A propósito del sepulcro.] «[...] ¿Este bloque o prisma hueco de granito, con su extrema sencillez y sus reducidas dimensiones se puede comparar con los sarcófagos de las tumbas reales de Tebas y tuvo alguna vez la misma destinación? ¿Este recipiente era una tumba o un simulacro? ¿Se debe abandonar el testimonio de Heródoto, el cual dice en términos formales y positivos que el lugar de la sepultura del rey era una isla formada por un canal y practicada en los subterráneos excavados en la colina de las pirámides? ¿Y no dice Diodoro que ninguno de los dos reyes que hizo construir las grandes pirámides fue sepultado en ellas, y que su cuerpo se depositó en lugares secretos?»

[Sobre la finalidad de las pirámides.] «[...] No se puede, pues, pretender con fundamento que la idea de sepulcro fuese ajena a la construcción de las pirámides en general. Antes bien, la construcción de las grandes pirámides estuvo sujeta a condiciones particulares, que la ciencia se adueñó de ellas y que depositó, quizá para ocultarlos, unos resultados importantes, que hoy descubre la meditación [...]. No es inverosímil pensar que en semejante monumento se celebrasen misterios, o bien, quizá, ritos iniciáticos en las salas inferiores o, de forma más general, ceremonias del culto o ritos religiosos [...] aunque no sea posible presentar pruebas válidas que apoyen este uso, idea sin duda probable pero no establecida con certeza.»

Thomas Groff (comunicación de 1897)

«Hace dos semanas aproximadamente tuve ocasión de pasar la noche en el desierto [...]. Hacia las ocho de la tarde vi una luz que parecía girar lentamente en torno a la tercera pirámide, más o menos a la mitad de su altura; era como una pequeña llama o [...] una estrella fugaz; la luz me pareció dar tres vueltas en torno a la pirámide, y luego desapareció. Hacia las once observé de nuevo una luz azulada; subía lentamente, más o menos en línea recta, y, al llegar a cierta altura por encima de la parte superior de la pirámide, se apagó y desapareció. Aquella noche la atmósfera era muy pura y la temperatura fría, había poco viento [...], había visto muchas veces unas luces sobre estas pirámides sin darme cuenta de su origen; luego hice algunas averiguaciones y descubrí que estas luces no son visibles demasiado a menudo, sino algunas veces unas cinco horas después del ocaso. Algunas investigaciones y un estudio improvisado me han hecho sospechar que las luces se deben a emanaciones que salen del interior de la pirámide. El aire dentro de la pirámide está más caliente que la atmósfera del desierto, lo cual causaría unas corrientes de aire que arrastrarían consigo unas emanaciones que son o se vuelven luminosas. Estas luces se han visto en el pasado con mayor o menor frecuencia, y han dado origen a leyendas y tradiciones.»

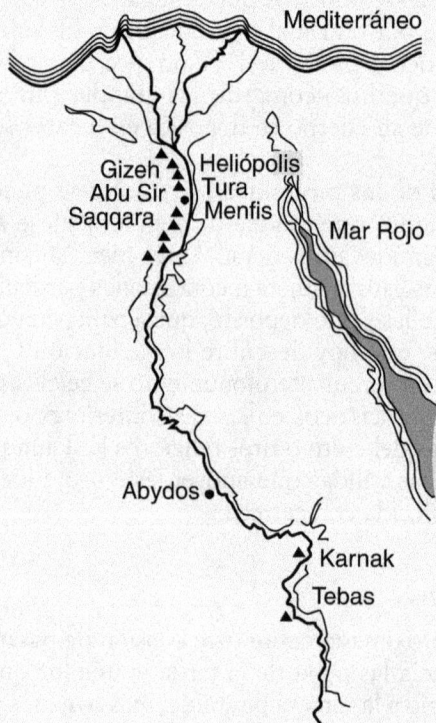

Fig. 27. *Situación de las pirámides egipcias*

LA AMÉRICA PRECOLOMBINA Y LAS PIRÁMIDES

Cuando hablamos de pirámides de la América precolombina, nos referimos a monumentos construidos por civilizaciones diversas, que se sucedieron a lo largo de siglos de historia, principalmente en dos regiones muy distintas: el antiguo México y las zonas andinas de América del Sur que, a grandes rasgos, corresponden al moderno Perú.

Perú

En cuanto a Perú, la primera civilización de la que se tiene noticia fue la de Chavín, que floreció en torno al 1300 a. de C. Por desgracia, el yacimiento arqueológico principal no se estudió a fondo, y hoy en día resulta de difícil acceso a causa de desprendimientos o derrumbes de tierra. En cualquier caso, parece que se trataba de un gran centro de ceremonias dotado de múltiples edificios de piedra, orientados según los puntos cardinales. El edificio principal era el Castillo, cuya estructura recuerda la de una pirámide sin punta, de base cuadrada, no excesivamente alta (en torno a 14 m), con paredes formando estrechas terrazas, semejantes a las pirámides escalonadas de Egipto.

El interior está provisto de pozos para la circulación del aire, que además aportan luz a un laberinto de salas y galerías dispuestas en varios pisos, conectados mediante escaleras y rampas. Hay una sola entrada, a la que se accede desde una escalera exterior de piedra. En los altiplanos septentrionales del país, en Wilkawain, se halla una construcción similar pero más pequeña, que es atribuida al mismo pueblo.

El objetivo de ambas construcciones se desconoce: podían ser templos, o lugares donde la población se reunía para la vida civil (ferias, mercados, fiestas, etc.). La cultura de Chavín es bastante misteriosa. Se sabe, por ejemplo, que adoraban a un dios puma o jaguar, del que se desconocen el nombre y los detalles del culto.

El misterio rodea también el final de esta civilización, que, tras un periodo de máximo esplendor, casi parece haber desaparecido en la nada en torno al año 300 a. de C., época seguida por varios siglos de oscuridad.

Sólo hacia el 200 d. de C. aparecen dos nuevas civilizaciones independientes, una en Moche, en la parte septentrional de Perú, y la otra en Tiahuanaco, hoy en día localidades de Bolivia, al sureste del lago Titicaca. En Moche se hallan dos pirámides gemelas, llamadas *Huaca del Sol* y *Huaca de la Luna*. El término *huaca*, cuyo significado original era probablemente *ídolo* o *lugar de los ídolos*, indicaba de forma genérica todos los lugares y monumentos sagrados (santuarios, templos, sepulcros, etc.). La pirámide del Sol es la mayor de las dos, con una plataforma de cinco terrazas de base rectangular y, sobre ella, una pirámide escalonada. En la parte superior de la pirámide de la Luna se hallan varias salas, aún decoradas con los típicos motivos de la cultura Moche.

Otro asentamiento fundado por el pueblo de Moche es Pachacámac, a unos veinte kilómetros de Lima. En él se encuentran dos grandes pirámides escalonadas, una junto a otra, que probablemente se construyeron en periodos históricos distintos. Ambas tienen planta rectangular, y han quedado parcialmente cubiertas de detritus y desprendimientos, motivo por el que no ha sido posible explorar completamente su interior.

Antiguas crónicas, redactadas en la época de la conquista española, indican que algunos de los ambientes internos se utilizaban para las respuestas de los oráculos, y otros para el sacrificio de animales. El famoso conquistador Francisco Pizarro hizo destruir, en uno de esos templos, un ídolo que exigía sacrificios humanos.

Las plataformas inferiores del templo más antiguo estaban pintadas de rosa, amarillo y verde, y las superiores de verde azulado. Aún en la actualidad se distinguen, aunque a duras penas, los vestigios de grandes pinturas que representaban hombres, plantas, peces y aves. Probablemente, la pirámide más moderna no se remonta a la civilización de Moche, sino que la construyeron los incas, que conquistaron el país entre 1200 y 1500 d. de C. Tiene sólidas bases de piedra y cinco niveles conectados por escalinatas. En la parte superior surge un edificio de varios aposentos. Es probable que, con la edificación de este monumento, los conquistadores incas quisieran imponer el culto de sus dioses, colocando así un signo tangible de su supremacía en el principal centro religioso de las poblaciones vencidas.

La civilización de Tiahuanaco, surgida, como hemos dicho, en la misma época que la de Moche, es bastante misteriosa.

Muchos místicos consideran a esta ciudad un lugar sagrado universal, antiguamente sede de un pueblo que había dominado el mundo entero. Se encuentra a unos veinte kilómetros del lago Titicaca, a casi cuatro mil metros de altura, y posee un complejo monumental dominado por cuatro grandes edificios, entre los que destaca la *Acapana*, una pirámide escalonada de planta irregular.

Tras una fase de esplendor, las dos civilizaciones, Moche y Tiahuanaco, desaparecieron de forma súbita. Comenzó así un segundo periodo oscuro, en el que la escena de la vida civil parece extrañamente vacía. Sólo hacia 1200, de forma igualmente súbita, apareció el último gran pueblo que dominó el país antes de la llegada de los europeos, el de los incas.

Los incas unificaron bajo su dominación buena parte del territorio, desde el centro de Chile hasta el norte de Ecuador, apoderándose de los monumentos anteriores e imponiendo sus propias tradiciones religiosas.

Probablemente, fue su capacidad de apropiarse de los conocimientos técnicos de los pueblos derrotados lo que permitió a los incas emerger de la sombra y conquistar en poco tiempo un notable poder: sólo unas décadas separan la muerte de Pachacutec, el primer inca cuyas empresas no han quedado limitadas a la leyenda, del tiempo en que sus descendientes Atahualpa y Huáscar se repartieron el control del imperio en su forma definitiva. En cualquier caso, cuando los conquistadores llegaron a esta parte de América, se hallaron frente a un pueblo muy distinto de lo que esperaban. Los incas habían sabido cultivar un territorio impracticable construyendo terrazas en las laderas de los montes, irrigándolas con refinados sistemas de canales, y habían construido una eficaz red de caminos. Sus construcciones eran grandiosas y perfectas: la fortaleza que domina Cuzco, capital de su imperio, está formada por bloques de piedra perfectamente cuadrados, y unidos de forma tan cuidadosa que no penetra entre ellos la hoja de un cuchillo afilado.

Son evidentes las afinidades de este pueblo con la civilización egipcia. Pero eso no es todo: su soberano, al que se atribuía un origen divino, era la personificación del sol, como narra esta breve leyenda:

Lejos en el tiempo, los hombres vagaban aquí y allá sobre la tierra, incapaces de cultivar las mieses, sin saber procurarse ropa para protegerse de la intemperie, pobres y andrajosos. El Sol, sintiéndolo por ellos, decidió enviar a su hijo, Inca Manco Capac, y a su hija, Ocllo Huaco, para que les enseñasen a vivir. «Aquí tenéis un lingote de oro —les dijo—. Cuando os detengáis a descansar, tratad de clavarlo en el suelo y, donde lo logréis, fundaréis una ciudad, la sagrada ciudad del Sol.»

Les hizo bajar a la gran isla, en el lago Titicaca, y ambos emprendieron el viaje. Se detenían siempre que estaban cansados, pero el lingote de oro no penetró en el suelo hasta que llegaron a un valle, en el lugar llamado Huanacuari. Allí, sin esfuerzo, como si la tierra fuese agua, el lingote de oro penetró al primer intento, y los dos hermanos supieron que habían llegado al lugar querido por su padre.

Entonces Manco Capac se dirigió al norte y su hermana Ocllo Huaco al sur, en busca de gentes que quisieran edificar fortalezas y palacios, y les llevaron al lugar donde estaba el lingote de oro. Nació así Cuzco, que poco a poco se fue haciendo grande, mientras sus habitantes aprendían a arar los campos, cultivar maíz, judías y fruta, construir canales de riego, fabricar calzado, tejer y domesticar las llamas, adorando al Sol, su gran padre.

México

Las civilizaciones de Centroamérica, conocidas en su conjunto como civilizaciones de los mayas, desde las épocas más remotas comenzaron a erigir sus templos en alturas naturales, sustituidas más tarde por terraplenes artificiales escalonados, que a su vez evolucionaron en pirámides propiamente dichas, llamadas, en esta región, *teocalli*.

Uno de los ejemplos más antiguos se halla en Cuiculco, y pertenece a la primera civilización mesoamericana, la de los olmecas, que adoraban a un dios representado en forma de viejo, probablemente señor del fuego o de las montañas. En Cuiculco se halla un gran túmulo ovalado, hecho de tierra batida retenida por círculos de rocas cuadradas, que forman cuatro terrazas, con una altura total aproximada de 20 m. El paso de un piso a otro se efectúa mediante rampas y escaleras.

En tiempos posteriores, hacia el 600 a. de C., otro pueblo construyó una majestuosa ciudad en Teotihuacán, centrada en la llamada *pirámide de la Luna*, una altura artificial cuadrangular, que debía albergar un edificio en su parte superior.

Otra pirámide sin punta, llamada *pirámide del Sol*, supera los 60 m de altura y está dotada de una gran escalinata. Todos sus pisos están proyectados de forma que quien se halla en la base de la escalinata no puede ver cuántos hay sobre la pirámide. Ello debía crear un escenario particularmente atractivo durante las celebraciones: los fieles debían tener la impresión de que la procesión de los sacerdotes, a medida que subía, desaparecía en el cielo para hallarse en presencia de la divinidad.

Por lo demás, toda la ciudad de Teotihuacán fue sabiamente planificada para crear una impresión de grandiosidad y para que el ojo del visitante se dirigiese siempre hacia los puntos que debían impresionarle.

En épocas posteriores, hacia 900 d. de C., comenzó a florecer la civilización tolteca. En este periodo, se dan ejemplos de pirámides propiamente dichas, como la de Kukulcán en Chichén Itzá, que tenía nueve niveles. Según la mitología de este pueblo, probablemente representaba la «montaña del cielo», que se creía tenía el mismo número de «pisos».

La última civilización que vivió en esta región fue la de los aztecas, que tuvo su cuna en la ciudad de Cholula. Al parecer, en su origen la ciudad poseía un complejo de construcciones, templos y pirámides concentrado dentro de un recinto sagrado. En una segunda fase se decidió transformar la zona en una única plataforma, llenando de ladrillos y piedras todos los edificios. Sobre esta explanada fueron edificados luego nuevos altares y lugares de culto.

El máximo esplendor de este pueblo tuvo lugar en la zona de Ciudad de México en torno a 1400 d. de C., pero su origen y desaparición están envueltos en el misterio, entre otras cosas por la escasez de documentos disponibles.

Es interesante recordar que muchos de los pueblos mencionados poseían conocimientos muy refinados en el campo de la astronomía que les permitían redactar calendarios de gran precisión.

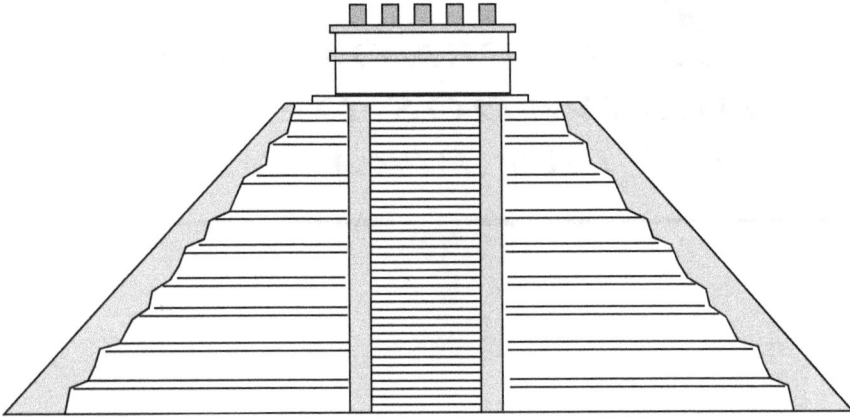

Fig. 28. El templo de Kukulcán en Chichén Itzá

Constituye un ejemplo de ello la célebre Piedra de Sol, un calendario construido por los aztecas: se trata de un monolito de 20 toneladas, el cual representa al dios del sol rodeado por las cuatro edades del mundo, por los veinte días del mes azteca y por los símbolos de las estrellas.

Aunque se han llevado a cabo progresos en la comprensión de los jeroglíficos de estos pueblos, su desciframiento no es aún lo bastante seguro para permitir la correcta interpretación de la Piedra de Sol. En particular, no se logra relacionar las fechas indicadas con las del calendario cristiano sin caer en incongruencias cronológicas.

Con este apartado cerramos la presentación de las pirámides construidas a lo largo de los siglos.

Ahora veremos las del «futuro próximo», es decir, las pirámides que el lector podrá fabricar con sus manos y utilizar para diversos experimentos.

69

*L*OS FENÓMENOS DERIVADOS DEL USO DE LAS PIRÁMIDES

Numerosos científicos e investigadores, tanto profesionales como aficionados, han observado cierta cantidad de fenómenos de diversa naturaleza experimentando con pirámides. A lo largo de los próximos capítulos, describiremos los detalles de algunos de los fenómenos más interesantes, daremos instrucciones para llevar a cabo los experimentos en casa y facilitaremos un resumen de las explicaciones teóricas que han sido propuestas para dar cuenta de su funcionamiento.

El lector pasará así a formar parte del gran número de personas que, en todo el mundo, se han dejado fascinar por los benéficos misterios de este cuerpo geométrico. Ante todo, para mayor claridad, veamos una breve lista de los fenómenos observados, en la que hemos distinguido los que afectan exclusivamente a objetos, plantas y sustancias colocadas en una pirámide de los que, en cambio, tienen como punto focal al ser humano. Esta lista, aunque escueta, basta para ofrecer una idea de la disparidad y amplio alcance de las influencias de las pirámides.

Relación de fenómenos

Objetos, plantas y sustancias

- La hoja de una navaja usada se afila rápidamente (en una sola noche).

- Carne, fruta, huevos y vegetales son deshidratados y momificados.

- La leche fresca tiende a transformarse en yogur, en lugar de agriarse, mientras que la estropeada tiende a perder, al menos en parte, los gérmenes nocivos.

- El agua tiende a purificarse, liberándose de la contaminación, y resulta más eficaz para regar las plantas.

- De las semillas dejadas en la pirámide antes de ser plantadas nacen plantas más fuertes y lozanas.

- Las plantas crecen con mayor rapidez y almacenan una mayor cantidad de agua. En general, la pirámide tiene una serie de efectos beneficiosos en agricultura.

- Las plantas de girasol giran del este al oeste en unas dos horas.

- El aire parece más fresco y respirable, y el humo se disipa rápidamente.

- Según algunos científicos, los elementos radiactivos se agotarían con mayor rapidez de lo normal.

- Según algunos investigadores, es posible observar una pérdida de peso de los objetos sólidos y otras pequeñas anomalías que hacen referencia a la fuerza de gravedad.

- Una pila eléctrica semidescargada recupera parte de su energía.

Ser humano

- La pirámide ejerce una influencia beneficiosa en el sueño: tanto si se duerme en su interior como si se coloca una bajo la cama, las energías recuperadas al despertar son mucho mayores.

- Tanto la pirámide como el agua conservada en su interior, antes de beberse, tienen efectos positivos en la salud humana. Algunos hablan incluso de curaciones inexplicables obtenidas con estos medios.

- La meditación y relajación resultan más fáciles dentro de la pirámide; además, se ven potenciadas las dotes de percepción extrasensorial (telepatía, clarividencia, etc.).

- Se habla de casos en que la permanencia y meditación dentro de la pirámide han favorecido la mejoría de personas retrasadas. Algunos toxicómanos han ganado voluntad para vencer la esclavitud de la droga.

- Al efectuar análisis de sangre para detectar la cantidad de metales presentes antes y después de la permanencia de los pacientes dentro de la pirámide, se observan inexplicables diferencias.

Tipos de pirámides experimentales

Antes de comenzar la descripción detallada de los experimentos, es oportuno hablar de los distintos tipos de pirámide que se pueden utilizar. Una primera diferenciación hace referencia a la mayor o menor inclinación de los ángulos respecto a la base.

El tipo más difundido es el que reproduce, en pequeño, la forma de la pirámide egipcia de Keops. Esta tiene un ángulo de elevación (que representa la inclinación de las caras respecto al vértice) de unos 51° (51° 51' 51").

Otros investigadores han utilizado pirámides con elevación de 25° o de 65°. Estas últimas, que tienen «paredes» particularmente amplias, se han usado sobre todo para experimentos de momificación.

En todos los casos se trata de pirámides de base cuadrada; sólo raramente se han utilizado algunas con bases distintas, en particular en forma de rombo.

Un segundo aspecto, estrechamente relacionado con la forma, ha sido tenido en cuenta por algunos experimentadores. El lector recordará la discusión a propósito de la concavidad de las caras de la pirámide de Keops

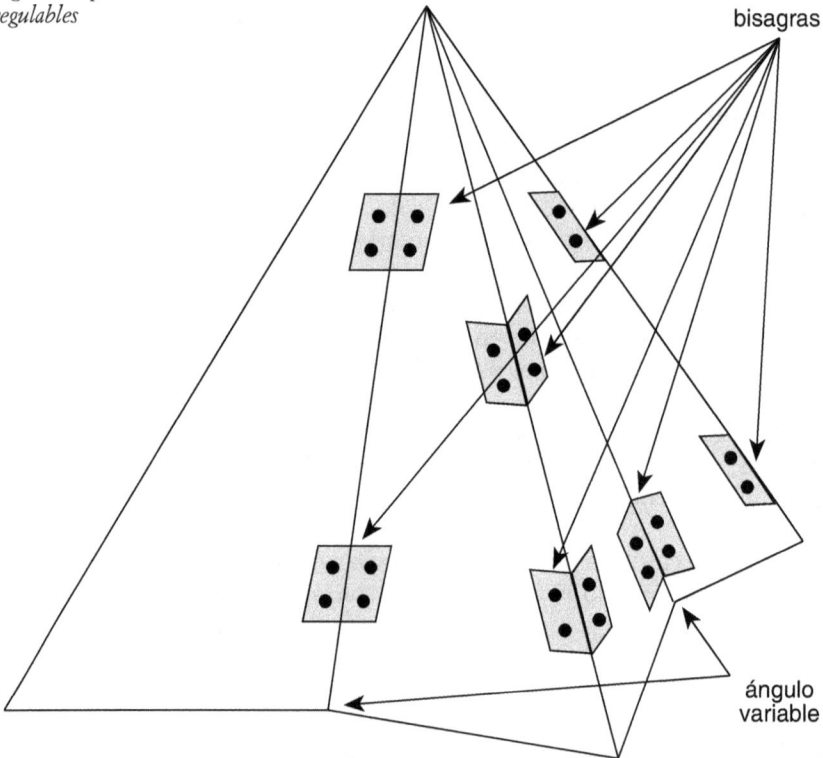

Fig. 29. La pirámide con caras regulables

bisagras

ángulo variable

(véase pág. 35): pues bien, nos preguntamos si esta podía tener alguna influencia capaz de mejorar la eficacia de las pirámides, y encontramos que, en general, la respuesta es afirmativa: estos modelos más sofisticados «rinden más» en la mayoría de los experimentos.

No obstante, puesto que la realización resulta más compleja, la desaconsejamos a los principiantes: es mejor trabajar con una buena pirámide de caras planas que con una de caras cóncavas mal construida.

A veces se han construido incluso algunas con caras regulables: en este caso, cada cara está formada por dos triángulos rectángulos unidos por bisagras (como las utilizadas para las puertas normales), a fin de poder modificar la inclinación y evaluar sus efectos.

En cuanto a los materiales, cabe tener en cuenta dos indicaciones importantes.

1. En general, se utilizan materiales *eléctricamente aislantes* (madera, cartón, plástico, etc.), sobre todo para los experimentos que hacen referencia a los objetos; para los que afectan al ser humano, a veces se utilizan también pirámides metálicas, por ejemplo de cobre.
2. Salvo indicación contraria para experimentos particulares, los materiales deben ser *homogéneos*; por ejemplo, en el caso de la madera, hay que evitar el contrachapado.

LOS FENÓMENOS QUE AFECTAN A OBJETOS, PLANTAS Y SUSTANCIAS

El afilado

Uno de los fenómenos más famosos es el del afilado de las cuchillas de afeitar. Este fue incluso objeto de una patente, en 1959, por parte del ingeniero K. Drbal de Praga, que, aunque profesionalmente se dedicaba a la electrotecnia, sentía una aguda curiosidad científica por todas las formas insólitas de energía.

Drbal cuenta que fue inducido a iniciar los experimentos por el francés Bovis, un experto de Niza que ideó varios instrumentos para la radiestesia, como, por ejemplo, un curioso péndulo magnético para detectar las radiaciones.

Drbal y Bovis mantuvieron un largo intercambio por correspondencia, a consecuencia del cual Drbal se convenció de que dentro de la pirámide se debía concentrar alguna forma de energía. Para determinar su naturaleza y características efectuó una serie de experimentos, entre ellos, precisamente, el de la cuchilla de afeitar. Es interesante recordar que, según las primeras suposiciones de Drbal, la cuchilla debería haber perdido filo, en lugar de afilarse, a causa de la permanencia en la pirámide.

La evidencia del número de afeitados que logró obtener con una sola cuchilla le obligó a reelaborar sus teorías y realizar nuevos experimentos, a lo largo de veinticinco años, comparando sus experiencias con las de otros investigadores.

En este periodo concibió la idea, al principio casi en broma, de patentar la pirámide como si se tratara de un instrumento para afilar las hojas. En cualquier caso, la patente fue concedida diez años después de la solicitud de Drbal, tras numerosas pruebas para comprobar el funcionamiento del dispositivo y también para encontrar una posible explicación del fenómeno (que para el propio Drbal es una mera hipótesis), ya que la oficina de patentes checoslovaca no estaba dispuesta a dar carácter oficial a un invento que funcionase por causas desconocidas.

La hipótesis de Drbal, en síntesis, es la siguiente:

> [...] *la pirámide, convenientemente orientada a lo largo de las líneas de fuerza del campo magnético terrestre, logra concentrar la energía de las radiaciones cósmicas. Se crea así una especie de «tensión», que logra «estirar» el acero de la hoja, eliminando las pequeñas deformaciones, y hacer «saltar» las moléculas de agua que quedan aprisionadas en el retículo metálico después de cada afeitado.*

Se trata de procesos microscópicos que sería muy difícil provocar con medios distintos. Por ejemplo, el secado normal con un paño eliminaría sólo la cantidad de agua exterior a la superficie, pero no la que hubiera penetrado más en profundidad.

Aunque se trate de una dosis muy pequeña de líquido, después de varios afeitados esta puede debilitar la estructura del metal y acentuar sus deformaciones.

Describamos ahora el experimento, que el lector puede repetir fácilmente en su casa.

FICHA EXPERIMENTAL N.º 1

EL AFILADO

1. Cogeremos una cuchilla de afeitar nueva y la colocaremos encima de una cajita de cartón con una altura equivalente a un tercio de la pirámide.

2. Con la ayuda de una brújula, alinearemos la cuchilla con los bordes cortantes en dirección norte-sur.

3. Colocaremos la pirámide sobre la cuchilla, con dos lados de la base en dirección norte-sur (y por lo tanto los otros dos en dirección este-oeste).

4. Dejaremos la cuchilla en esta posición durante varios días (al menos una semana) y luego comenzaremos a utilizarla. Después de cada afeitado volveremos a colocarla bajo la pirámide.

Con este sistema se podrá utilizar la cuchilla para un número de afeitados muy superior al normal (al menos doscientos).

Como alternativa, también se podría emplear una cuchilla ya usada, aunque en este caso, para conseguir resultados apreciables, la permanencia inicial en la pirámide deberá prolongarse hasta cuatro o cinco meses.

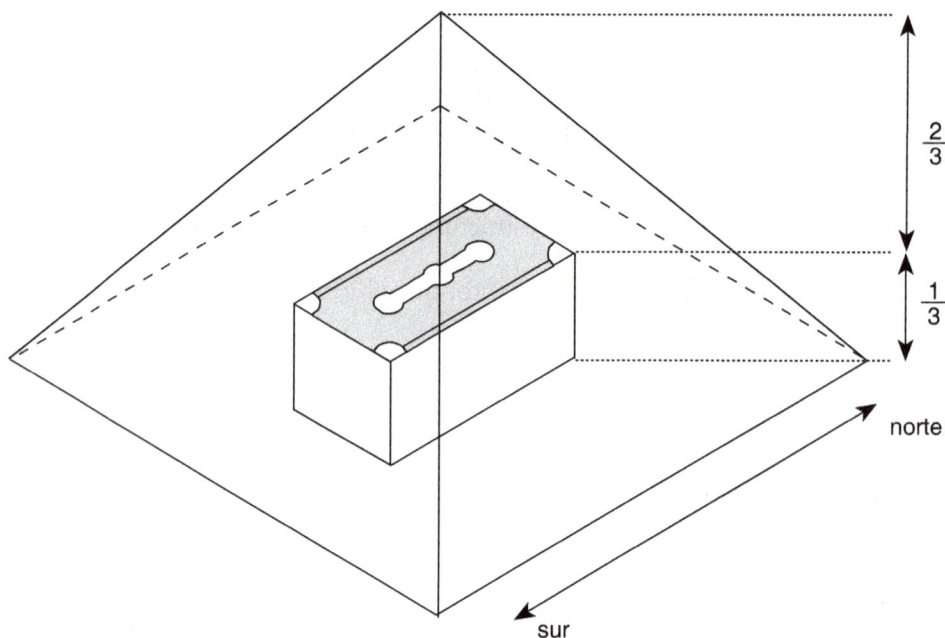

Fig. 30. Colocación de la pirámide y de la hoja

Los resultados se pueden conseguir con todos los tipos de pirámide, aunque la más adecuada en este caso parece ser la que reproduce la gran pirámide de Keops.

Para convencerse de la validez del experimento, es preciso realizar un control adicional: hacerse con una segunda cuchilla de afeitar, esta vez nueva, sin depositarla en la pirámide ni antes ni durante el periodo de utilización, y anotar el número de afeitados que se puedan efectuar.

Además, si el experimento apasiona al lector, puede adoptar algunas variantes, anotando cada vez los resultados obtenidos.

Es posible variar:

— la forma de la pirámide;
— el material de construcción;
— la altura a la que se situará la cuchilla;
— las condiciones del ambiente donde se colocará la pirámide (temperatura, humedad, etc.);
— el tipo de sólido utilizado, sustituyendo la pirámide, por ejemplo, por un cubo o una semiesfera.

Debería observarse que la proximidad de masas de hierro o acero (tubos, etc.), aparatos eléctricos de cierto tamaño (nevera, lavadora, etc.) y electrónicos (TV, etc.) obstaculiza considerablemente el fenómeno. En todos estos casos, se trata de objetos que perturban el campo magnético.

Con vistas a otros experimentos que el lector pueda proyectar por sí solo, es importante ilustrar el mecanismo responsable de la pérdida del filo en una cuchilla de afeitar o en cualquier otro objeto cortante.

A consecuencia del uso, la estructura de la hoja experimenta una serie de deformaciones que le van haciendo perder el filo.

Estas deformaciones pueden ser de dos tipos:

— *elásticas*, es decir, no permanentes: la estructura tiende a recuperar su posición original, si es dejada en reposo durante un periodo suficientemente largo (de quince días a un mes);
— *definitivas*, en cuyo caso la estructura ha perdido su forma original y ya no podrá recuperarla a menos que sea oportunamente tratada.

Según Drbal, la pirámide no tiene el poder de reparar las deformaciones definitivas, aunque sí logra acelerar considerablemente la desaparición de las elásticas, que se produce en sólo veinticuatro horas, es decir, entre un afeitado y el siguiente.

Un segundo efecto que reduce el filo de las cuchillas es el del agua: las moléculas de líquido penetran en los pequeños intersticios del acero y reducen notablemente su solidez.

Expulsar estas moléculas con métodos tradicionales es prácticamente imposible. Sin embargo, la pirámide puede lograrlo gracias a sus propiedades deshidratantes, restituyendo de esta forma al acero de la cuchilla sus características originales.

La pirámide puede utilizarse para mantener afilados también otros objetos, como tijeras y cuchillos.

Algunos han experimentado su eficacia incluso con los cabezales de las afeitadoras eléctricas. Sin embargo, conviene tener en cuenta que la cantidad de energía en juego es mínima y que, cuanto más aumentan las dimensiones de los objetos que se pretenden afilar, más se alargan los plazos para obtener resultados apreciables, y más aumentan también las probabilidades de fracaso.

LOS RAYOS CÓSMICOS

Con la expresión *rayos cósmicos* se hace referencia a la irradiación de corpúsculos procedentes del espacio.

Diversos físicos formularon la primera hipótesis de su existencia a comienzos del siglo XX para explicar la ionización del aire, es decir, el hecho de que en la atmósfera se halle cierto porcentaje de átomos que han perdido parte de sus electrones. Este alejamiento de electrones respecto a los átomos requiere una forma de energía; después de varios experimentos, se llegó a la conclusión de que esta debía proceder de alguna forma de radiación exterior a nuestro planeta.

Posteriormente, se descubrió que el efecto de ionización aumentaba con la altura y, también que la radiación estaba formada por dos componentes: uno «blando», que la atmósfera y los objetos encontrados en su camino absorbían con mayor facilidad, y otro «duro», que podía estar presente incluso a grandes profundidades bajo la superficie de lagos y mares. Después de estos primeros progresos, el estudio de los rayos cósmicos avanzó junto al de las partículas subatómicas, y se descubrió que existía toda una serie de ellas. Junto a electrones, protones y neutrones, ya conocidos como componentes del átomo, así como fotones, asociados a las radiaciones electromagnéticas en general (y luminosas en particular), se descubrieron partículas más «exóticas»: electrones positivos, muones, mesones, neutrinos, etc.

Algunos han formulado la hipótesis de la existencia de partículas, llamadas *taquiones*, que serían más veloces que la luz, posibilidad negada por la física, específicamente por la teoría de la relatividad. Los taquiones tendrían propiedades muy particulares, y su estudio abriría la puerta a una realidad paralela a la habitual, pero con propiedades opuestas. Basta decir que, en ella, la fuerza de gravedad sería negativa, haciendo que los cuerpos, en lugar de atraerse, «leviten» uno respecto a otro. Hemos citado los taquiones porque algunos piramidólogos sostienen que precisamente en ellos reside la posibilidad de explicar las propiedades de las pirámides; también es obligado recordar que, hasta hoy, estas partículas nunca se han observado, y que muchos físicos se muestran escépticos acerca de su existencia real.

Volviendo a las partículas cuya existencia se comprobó realmente, también se pudo detectar una serie de interacciones entre ellas. En estos procesos, partículas dotadas de energía suficiente podían emitir radiaciones al pasar por las proximidades de núcleos atómicos, o bien transformarse unas en otras.

Junto a estos estudios sobre la composición de los rayos cósmicos, en torno a 1930 comenzaron otros destinados a determinar sus relaciones con la Tierra. Se descubrió así que el campo magnético terrestre puede alejar de la superficie del planeta las partículas que no tienen suficiente energía, que la intensidad de los rayos varía con la latitud y también que está relacionada con la actividad del sol, con un comportamiento cíclico, de unos once años de duración. En los años cincuenta fueron descubiertos los cinturones de Van Allen, zonas de espacio en torno a nuestro planeta en las que se concentran partículas con carga (electrones y protones); estas no son simétricas, ya que su parte externa es influida por la acción del Sol.

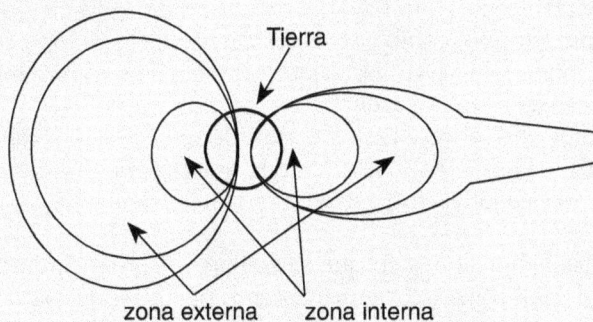

Fig. 31. Los cinturones de Van Allen

El sol emite continuamente un «gas» de protones y electrones, que alcanza las órbitas de los planetas externos. Dicha emanación se llama *viento solar* y es la sede de un campo magnético. La variación en el tiempo de este campo magnético «modula» los rayos cósmicos que provienen del exterior del sistema solar. En las proximidades de la Tierra, el campo magnético del viento solar interfiere con el terrestre: existe una superficie de confín donde las dos fuerzas se equilibran. La zona interna de la misma se llama *magnetosfera*, y corresponde a la parte de espacio donde el efecto del campo terrestre es predominante. En la parte opuesta al sol, la magnetosfera se alarga en el espacio, mientras que es más achatada hacia la estrella.

La intensidad de los rayos cósmicos no es constante, sino que varía:

— de forma irregular, por efecto de las condiciones meteorológicas, ya que se modifica la capacidad absorbente de la atmósfera;
— diariamente, con un máximo cercano a mediodía;
— en un periodo de veintisiete días (rotación del sol);
— en un periodo de unos once años (ciclo de actividad solar).

La momificación

Probablemente la idea de que un modelo de pirámide podía ser utilizado para deshidratar o momificar sustancias orgánicas derivó de la observación de que las grandes pirámides egipcias, como contenedores de momias, podían tener la propiedad de facilitar la conservación de los tejidos animales y vegetales.

Se hizo la prueba de colocar dentro de pequeñas pirámides de cartón un poco de carne, y se observó que, en lugar de pudrirse, era perfectamente momificada. Se utilizaron luego flores, pequeños insectos, huevos, etc., y se obtuvieron siempre los mismos resultados.

Los experimentos de este tipo se encuentran quizás entre los más populares. Han sido repetidos por miles de investigadores con una cantidad de sustancias y objetos diversos, y demuestran claramente que las pirámides poseen la capacidad de deshidratar y, por tanto, de conservar. Naturalmente, es lícito preguntarse si el efecto de deshidratación no se debe a algún agente extraño, como corrientes de aire o absorción por parte de los soportes donde se apoyan los objetos; o bien si es común a diversos recipientes, incluso de forma diferente.

Por ello, al repetir los experimentos, es aconsejable tratar de excluir todos los fenómenos secundarios que podrían falsear los resultados. Algunas precauciones imprescindibles son las siguientes:

— las habitaciones en que se trabaja deberían carecer tanto de corrientes de aire como de fuentes directas de luz y calor; una buena norma puede ser guardar la pirámide con la muestra en un pequeño armario alejado de los radiadores;
— los objetos deberían colocarse sobre soportes impermeables, como un trocito de plástico o un pequeño plato de cerámica;
— hay que trabajar siempre con al menos dos o, mejor, tres muestras, a ser posible idénticas: una colocada en la pirámide, otra en un recipiente de forma distinta (por ejemplo una caja de cartón) y una que se mantendrá descubierta. Todas las demás condiciones deben ser iguales: no sólo los tres objetos deberán permanecer cerca unos de otros durante todo el experimento, sino que será necesario asegurarse además de controlar todos los detalles; por ejemplo, sería posible que un rayo de sol, al penetrar por la ventana, calentase solamente una o dos de las muestras, aunque sólo sea durante unas horas del día; o bien que alguna muestra se halle cerca de un elemento de calefacción de paneles, oculto en el suelo, etc.

Al efectuar las pruebas, podremos observar también que el material tiende a contraerse y arrugarse, pero de manera diferente según su naturaleza. Podremos comprobar que ello depende de la proporción entre agua y fibras característica de la sustancia: cuanto mayor es la cantidad de líquido respecto a la de material seco en la muestra original, más evidente será el «arrugamiento».

Para mantener bajo control los experimentos, que se prolongarán durante cierto periodo de tiempo, aconsejamos también pesar las muestras, por lo menos al principio y al final de la prueba, aunque también resulta interesante repetir las pesadas a intervalos regulares, como por ejemplo cada día o en días alternos, siempre a la misma hora.

De esta forma podremos observar la evolución del fenómeno, que puede variar según la sustancia. En algunos casos la deshidratación se produce siempre a la misma velocidad, en otros es más rápida al principio y, pasados unos días, tiende a frenarse; en otros, por último, sucede exactamente lo contrario.

Otra utilidad de las pesadas sucesivas es que permite el control adicional de fenómenos externos que pueden verificarse durante el experimento y que podrían no haberse tenido en cuenta al principio. Por ejemplo, podría suceder que, en un momento determinado, se apague la calefacción de la vivienda; o bien que el tiempo pase bruscamente de seco a húmedo, etc.

Al disponer de una tabla que indica la disminución diaria de peso, será fácil establecer si existe una correlación entre estas variaciones del ambiente externo y la deshidratación, que podría verse acelerada o retardada.

Resulta casi superfluo recomendar la máxima prudencia durante las operaciones de desplazamiento necesarias para llevar a cabo el experimento y la posterior comprobación: algunas muestras, como por ejemplo las flores, pueden adquirir una gran fragilidad cuando empieza el proceso de deshidratación. También es importante volver a ponerlas exactamente en la posición en que se hallaban.

Aconsejamos además llevar un diario detallado y siempre actualizado de todos los experimentos, en el que se anotará la naturaleza, las dimensiones y el peso iniciales, relativos y finales de las muestras, las condiciones del experimento (lugar, temperatura, luz, etc.) y el tiempo necesario para la completa momificación, además de cualquier otra observación que se considere significativa.

También es importante anotar la evolución de las muestras que no se hallan bajo la pirámide: en algunos casos, estas sufrirán una suerte distinta, pudriéndose; en otros, en cambio, también se deshidratarán, pero en un plazo más largo. En este caso, aconsejamos no considerar concluido el experimento cuando la muestra de la pirámide esté momificada, sino continuar observando el comportamiento de las otras, a fin de poder determinar hasta qué punto ha sido acelerado el proceso por la pirámide.

Antes de pasar a la siguiente ficha experimental, recordemos que las pirámides (y también los demás recipientes) deben alinearse siempre en dirección norte-sur, y que el eje principal de los objetos debe orientarse en la misma dirección.

FICHA EXPERIMENTAL N.º 2

LA MOMIFICACIÓN

1. Escogeremos el ambiente para el experimento y tomaremos las precauciones preliminares: sellaremos posibles fisuras, lo protegeremos de la luz, etc., y luego anotaremos todas las operaciones efectuadas.

2. Seleccionaremos los recipientes que vayamos a utilizar como comparación (ollas, cajas, frascos, con o sin tapa) y los numeraremos, para disponer de referencias precisas para utilizar en las notas. Todos deberían tener, al menos aproximadamente, el mismo volumen, más o menos equivalente al de la pirámide.

3. Escogeremos las muestras. Si se trata de sustancias homogéneas (por ejemplo, carne picada), cogeremos varias porciones iguales; en el caso de flores o insectos, nos aseguraremos de que sean lo más parecidos posible. Al menos su peso debería coincidir. Mediremos también sus dimensiones principales y las anotaremos junto al color, la consistencia y todo lo que pueda caracterizar los objetos, según su naturaleza.

4. Alinearemos los recipientes con la ayuda de la brújula. Colocaremos los objetos sobre sus soportes y los alinearemos también, con el eje mayor en dirección norte-sur. Con un lápiz o un rotulador, marcaremos la posición exacta ocupada, de forma que sea más fácil localizarla al mover las muestras para la pesada. Colocaremos luego las tapas.

5. Cada cierto tiempo, pesaremos todas las muestras y elaboraremos una tabla con todos los valores. Indicaremos también la fecha de cada medición y anotaremos los posibles cambios (putrefacción, variación de color, olor, aparición de moho, etc.).

También para este experimento es posible adoptar diversas variantes que pueden ir desde el uso de sustancias distintas hasta el cambio de las condiciones ambientales (escogiendo, por ejemplo, un ambiente húmedo, como el cuarto de baño), pasando por el empleo de pirámides diferentes en cuanto a forma y material o incluso la ubicación de las muestras a distintas alturas.

A propósito de este último punto, cabe observar que, a diferencia de lo que sucede con el afilado de las cuchillas, la colocación de las muestras a distintos niveles no parece influir en el proceso de momificación. Una última advertencia: si se decide utilizar alimentos, hay que recordar que muchos de ellos contienen aditivos y conservantes que pueden falsear por completo los resultados de los experimentos. Por ello, deberían utilizarse exclusivamente productos naturales.

La leche

En esta maravillosa sustancia que, en cierto modo, representa el símbolo mismo del alimento y de la propagación de la vida, la pirámide logra ejercer sus benéficas cualidades de catalizador de fuerzas vitales y de conservación. En otras palabras, es capaz de contrarrestar los procesos de degradación de la sustancia orgánica, favoreciendo en cambio sus transformaciones positivas.

No es casual la elección de la forma piramidal para conservar precisamente la leche y la nata, así como otros productos alimenticios, como cereales, arroz, frutos secos y café.

Pruebe a hacer lo mismo: observará que los parásitos y el moho aparecen con menor facilidad, y también el sabor de los alimentos se verá sin duda beneficiado. En cuanto a la leche, le proponemos tres experimentos distintos:

— el efecto en la acidez;
— la transformación en requesón;
— la producción de yogur.

FICHA EXPERIMENTAL N.º 3

LA LECHE

El efecto en la acidez

1. Utilizando un vaso graduado, verteremos en dos platitos de plástico o cerámica iguales y poco profundos la misma cantidad de leche procedente del mismo envase.

2. Colocaremos uno de los platitos bajo la pirámide y el otro junto a ella.

3. Dejaremos que pasen varios días, controlando los recipientes a intervalos regulares y anotando las modificaciones de ambos.

4. Al final, observaremos que en ambos platos la leche se ha puesto ácida, aunque sólo la capa externa se habrá cortado.

La transformación en requesón

1. Colocaremos un vaso de leche entera sin pasteurizar bajo la pirámide, lo más cerca posible de la cima, y comprobaremos, como de costumbre, la correcta alineación norte-sur.

2. Controlaremos periódicamente el contenido del vaso: se observará que la leche comienza a cuajar y que, pasado algún tiempo, se forma una fina corteza. Evitaremos retirarla y tocarla.

3. Transcurridas de tres a cinco semanas, el contenido del vaso habrá cuajado por completo y habrá adoptado la consistencia típica del requesón. Podremos considerar concluido el experimento, retirar la corteza superficial y... ¡tendremos requesón preparado por nuestra pirámide! Lógicamente, por evidentes motivos higiénicos, no conviene probarlo.

Nota: puede no ser fácil, hoy en día, conseguir leche sin pasteurizar, además de que su uso puede tener algunos riesgos para la salud. Aconsejamos realizar este experimento con leche fresca entera normal, aunque ello no representa la condición ideal para su éxito.

La producción de yogur

En este caso el experimento es sumamente sencillo: se trata sólo de utilizar el procedimiento normal para hacer yogur en casa, aunque se colocará el recipiente bajo la pirámide. La eficacia y calidad de la producción mejorarán de forma considerable.

El agua

El agua es una de las sustancias fundamentales para la vida sobre la Tierra, hasta el punto de que a menudo ha sido considerada el símbolo de la vida misma. El agua empapa todo nuestro planeta, de la atmósfera a los mares y al suelo, a través del cual se filtra y corre, dándole fertilidad. Donde escasea, también la vida desaparece.

No sólo el agua para beber es imprescindible tanto para las plantas como para los animales (incluido el ser humano), sino que constituye el componente principal de sus organismos: las células viven en un medio acuoso y están compuestas en buena parte de agua. Por este motivo, cualquier influencia en el agua desempeña una función particularmente importante: cualquier modificación de su estado físico o químico, cualquier veneno, impureza o elemento capaz de enriquecerla se podrá difundir fácilmente y será asimilado por los seres vivos. En épocas recientes, las características de este precioso líquido, en relación con la vida, se han estudiado cada vez más, gracias al impulso de medicinas alternativas, como la homeopatía. En los remedios sugeridos por esta disciplina, el principio es diluido tantas y tantas veces que desaparece prácticamente de la solución, y sin embargo su eficacia no disminuye, sino todo contrario.

Personas medicadas con esta agua tratada ven desaparecer sus molestias como si hubiesen ingerido los más potentes hallazgos de la industria farmacéutica. Y sin embargo, desde el punto de vista químico, sólo han bebido agua pura. Estos hechos son numerosos y han sido comprobados científicamente, por lo que no pueden imputarse al simple efecto placebo, es decir, al alivio de una enfermedad provocado por la convicción del paciente de haber ingerido un fármaco infalible. Tratando de entender cuál es el principio de tales curaciones, médicos y biólogos se han convencido de que en los mecanismos vitales no cuentan sólo las propiedades químicas de la materia, es decir, la calidad y cantidad de los componentes en juego. Es cierto que la presencia de los elementos oportunos tiene una importancia fundamental y que, en ciertos casos, es imprescindible suministrárselos al organismo.

Pero tampoco deben subestimarse las propiedades físicas de los materiales: podríamos decir, con una terminología bastante genérica, que la vida, para crecer, necesita mantener «vibraciones» particulares, y que el agua, cuando es tratada, adquiere la capacidad de transmitírselas al organismo vivo.

Podemos imaginar al ser vivo como un complejo y maravilloso instrumento musical, y la enfermedad como una desafinación, más o menos acentuada. Habrá casos en que la desafinación se deba a una rotura propiamente dicha: entonces la pieza en cuestión deberá repararse o sustituirse; ello corresponde al tratamiento químico tradicional. Pero otras veces, en realidad con mucha más frecuencia, la pérdida de la armonía se deberá simplemente a algún componente flojo o movido.

Bastará ajustarlo de nuevo para devolverle la correcta vibración y dejar el instrumento como nuevo: este es el principio en que se basa la homeopatía.

Para volver a nuestro tema, parece ser que la pirámide es capaz de provocar cambios en la microestructura del agua que se deja reposar en su interior, similares a los realizados con los métodos de preparación homeopática. La composición química del líquido se mantiene inalterable, pero se modifican sus características vibratorias; por consiguiente, dicho líquido logra ejercer beneficiosas influencias en los organismos vivos.

Proponemos un sencillo experimento que hace referencia al mundo vegetal: el uso de agua para el riego tratada previamente en la pirámide. Lógicamente, le corresponderá a cada cual la elección de las plantas utilizadas, según sus posibilidades prácticas: sería muy interesante poder efectuar el experimento con las plantas frutales, a fin de comprobar sus efectos también en el sabor y la cantidad de la cosecha, aunque ello será bastante difícil para quien vive en un piso.

EL AGUA PARA REGAR

1. Escogeremos el tipo de plantas que utilizaremos, para disponer de cierto número de ejemplares iguales (idénticas dimensiones, edad, estado de salud, etc.). Las dividiremos en dos grupos y las numeraremos para mayor comodidad. Cuanto más numerosos sean los grupos, mejor podremos eliminar los efectos debidos a la calidad de cada ejemplar. Dos grupos de cuatro ejemplares cada uno irán bien para comenzar.

Anotaremos las dimensiones de cada planta, y añadiremos además todas las descripciones que consideremos oportunas sobre el aspecto, el número de flores o yemas, las hojas, etc.

2. Las colocaremos en condiciones idénticas (insolación, humedad, exposición a corrientes, etc.). La tierra de los tiestos también deberá ser la misma.

3. Calcularemos la cantidad de agua necesaria para regar, durante una semana, las plantas de un grupo, según la frecuencia habitual, o bien pidiendo consejo a un experto. Por ejemplo, si cada planta debe regarse en días alternos con un vaso (20 cc), y el grupo está formado por cuatro plantas, cada semana necesitaremos: 20 cc x 4 plantas x 3 veces = 240 cc = 2,4 litros en total. Sin embargo, como habrá que efectuar tres administraciones distintas, se emplearán tres botellas distintas, cada una de las cuales contendrá 20 cc x 4 = 80 cc.

En todo este cálculo no habrá que tener en cuenta el segundo grupo de plantas, que actuará como elemento de comprobación, y que se regará con agua normal.

4. Numeraremos las botellas para no confundirlas y las guardaremos bajo la pirámide.

5. Una vez transcurrida la primera semana, comenzaremos a utilizar, para regar el primer grupo, una botella que contenga agua de la pirámide. La sustituiremos después por agua del grifo y volveremos a colocarla en su lugar.

6. Anotaremos la evolución de los vegetales, en particular las diferencias que se presenten entre los dos grupos.

Por otra parte, en caso de que no interese la comprobación experimental de las características de las pirámides, sino tan sólo se desea una forma cómoda y económica de mejorar el aspecto de las plantas, se puede seguir otro método más sencillo. Basta con colocar agua del grifo normal bajo la pirámide y dejarla allí varios días, al menos durante una semana. A continuación la utilizaremos para regar y la sustituiremos por una nueva reserva.

Varias semanas más tarde, observaremos que todos los vegetales así tratados estarán más lozanos, crecerán más deprisa y mostrarán todos los síntomas de «buena salud».

Si las plantas necesitan un riego más frecuente, trataremos una mayor cantidad de agua y la gastaremos poco a poco. Una alternativa consiste en utilizar sólo una vez por semana el agua tratada, alternándola con la común: de esta forma deberían observarse efectos beneficiosos, como si se hubiese utilizado un abono de buena calidad. En cambio, quien desee experimentar con mayor precisión las diferencias entre el agua tratada y el agua común podrá seguir las indicaciones contenidas en la ficha reproducida en la página anterior.

En algunos laboratorios se ha podido comprobar también la capacidad que tiene la pirámide de purificar el agua contenida en ella, liberándola de distintas clases de contaminación: tras disponer envases sellados con agua que lleva residuos de metales pesados, como por ejemplo el zinc, se ha observado su desaparición al cabo de un tiempo.

Sin embargo, puesto que la comprobación requiere la capacidad de analizar dichas impurezas con cierta precisión, desaconsejamos la realización de estos experimentos a los investigadores «domésticos», que se complicarían la vida con delicadas técnicas propias de laboratorios químicos.

Las semillas

Dado que hemos tocado el tema de los vegetales, en este apartado y en el siguiente nos ocuparemos de dos experimentos destinados a incrementar su capacidad para la jardinería. Se trata de unos ejemplos escogidos por su sencillez y por la facilidad de realización incluso por parte de quien no ejerce profesionalmente la agricultura. En este campo, la pirámide se presta a múltiples fines. En Estados Unidos, por ejemplo, se ha hecho la prueba de distribuir en los pastos pequeñas pirámides de madera blanca, de 60 a 90 cm de altura, y se ha descubierto que pueden disminuir la presencia de insectos nocivos hasta un 70 %.

La ausencia de mosquitos y otros fastidiosos «huéspedes» ha sido indicada por numerosos investigadores que afirman refugiarse bajo pirámides de tamaño humano cuando la molestia ocasionada por los insectos resulta excesiva. Se puede realizar una comprobación directa de este fenómeno mediante un sencillo experimento.

Prepararemos en un platito alguna sustancia que guste mucho a las hormigas, como por ejemplo leche y azúcar, y luego lo colocaremos bajo una pirámide en algún lugar de la casa donde suele haber hormigas. Procuraremos dejar la pirámide lo suficientemente elevada para permitir su paso, y observaremos. Comprobaremos con asombro que sólo muy pocos insectos tendrán el valor de cruzar el umbral para acercarse a la comida. Volviendo a las propiedades fertilizantes de la pirámide, los expertos han dado dos explicaciones distintas al respecto, ambas igualmente plausibles. La primera se basa en la ya citada capacidad de cargar de energía el agua y darle propiedades «vibratorias» en armonía con la vida. Dado que las plantas, como todos los seres vivos, están en gran parte compuestas de agua, sería esta, dentro de sus tejidos, la que se cargase benéficamente y favoreciese el desarrollo del organismo. Según otros, por el contrario, existiría una forma de energía difusa y omnipresente que se concretaría en energía vital dentro de los seres vivos. Las pirámides tendrían la capacidad de recogerla del espacio y concentrarla, como si fuesen lentes particulares para una luz invisible. Los organismos enfocados por esta lente podrían beneficiarse de una mayor cantidad de energía y, de esa forma, lograr revitalizarse.

Presentamos ahora un sencillo experimento que puede efectuarse con semillas.

FICHA EXPERIMENTAL N.º 5

LAS SEMILLAS

1. Tomaremos unas cuantas semillas y las dividiremos en dos grupos iguales.

2. Colocaremos las semillas del primer grupo bajo la pirámide, las alinearemos con el eje más largo en dirección norte-sur y formaremos pequeñas filas siempre en la misma dirección.

Dejaremos el segundo grupo en la bolsita fuera de la pirámide, en las mismas condiciones que el primero.

3. Dejaremos los dos grupos durante unos quince días por lo menos, procurando mantenerlos bien separados.

Utilizaremos macetas iguales, llenas con la misma tierra y expuestas de la misma manera.

4. Regaremos y cuidaremos las semillas de los dos grupos sin mostrar ninguna preferencia: las condiciones de crecimiento deben ser siempre idénticas.

5. Observaremos que el crecimiento de las plantas será mucho más rápido y lozano en el caso de las semillas que se habían colocado bajo la pirámide. No dejaremos de anotar cualquier observación en el diario.

Plantas y esquejes

Los experimentos descritos en este apartado exigen un esfuerzo mayor, dado que se efectuarán con plantas vivas que necesitan luz para su metabolismo. Por ello, es necesario trabajar con pirámides de vidrio o plexiglás, más difíciles de construir que las de cartulina utilizadas en las pruebas anteriores. Además, sus dimensiones deberán ser relativamente amplias. Asimismo, como la permanencia bajo un invernadero, independientemente de su forma, favorece ya de por sí el bienestar de los vegetales, las otras plantas no podrán permanecer al aire libre, sino en otros pequeños invernaderos de forma cúbica o de paralelepípedo. En caso contrario, no podrá afirmarse con certeza que los resultados obtenidos sean imputables a las influencias de la forma piramidal. Así pues, en primer lugar habrá que conseguir una pirámide de vidrio o plexiglás, una caja del mismo material y un lugar donde las dos estructuras puedan colocarse juntas.

Luego habrá que decidir si se trabajará con plantas o con esquejes. En las fichas experimentales se describen ambos casos.

FICHA EXPERIMENTAL N.° 6

LAS PLANTAS

1. Dividiremos las plantas en dos grupos. Para el número de plantas utilizadas valen las mismas consideraciones expuestas en la ficha experimental n.° 4.

2. Anotaremos las características de ambos grupos (dimensiones, estado de salud, etc.), que deberían ser lo más similares posible. En realidad no es necesario que todas las plantas sean idénticas, sino simplemente que a cada planta del primer grupo le corresponda otra igual en el segundo.

3. Colocaremos el primer grupo de plantas debajo de la pirámide, y el segundo bajo la caja. Lógicamente las dimensiones de ambos receptáculos deben ser suficientes para no condicionar el desarrollo de los vegetales. Nos aseguraremos también de que, en la base, exista un espacio suficiente para que circule el aire, a fin de no sofocar las plantitas.

4. Cuidaremos las plantas sin hacer distinciones: las regaremos a la misma hora con la misma cantidad de agua, tomada de la misma fuente.

5. Con el paso del tiempo, anotaremos las diferencias que se vayan manifestando.

También podremos adoptar algunas variantes particularmente interesantes, por ejemplo:

— colocar bajo la pirámide plantas débiles o enfermizas, que necesitarían un tratamiento reconstituyente a base de buen abono. Puede contar con verlas recuperarse después de algún tiempo;
— combinar este experimento con los dos anteriores, colocando un grupo de plantas regadas con agua tratada dentro de la pirámide y otro fuera, o procediendo de la misma forma con dos grupos de semillas previamente tratadas, como se indica en la ficha experimental n.º 5.

Si, por el contrario, se prefiere trabajar con esquejes, debe hacerse como en la ficha siguiente.

FICHA EXPERIMENTAL N.º 7

LOS ESQUEJES

1. Formaremos dos grupos de esquejes iguales. Numeraremos, como de costumbre, cada ejemplar y anotaremos sus características.

2. Colocaremos los esquejes del primer grupo en recipientes de agua bajo la pirámide, y los del segundo bajo la caja.

3. Observaremos cada día el desarrollo de las raíces y, cuando un ejemplar parezca listo, lo pondremos en una maceta. Tomaremos nota de todas las operaciones, indicando cuidadosamente las fechas: notaremos que los ejemplares colocados en la pirámide evolucionan más deprisa que los que están bajo la caja.

4. Continuaremos siguiendo la evolución de la operación incluso después de la instalación en la tierra de la maceta: sólo unos cuantos esquejes procedentes de la pirámide no habrán conseguido arraigar.

También en este caso pueden realizarse experimentos cruzados, utilizando agua preparada con otra pirámide sólo para la mitad de los esquejes de cada grupo.

Obtendremos así cuatro conjuntos diferentes de plantas, cada uno de los cuales podría tener una evolución ligeramente distinta.

Los girasoles

Todo el mundo sabe que los girasoles, como su propio nombre indica, tienen la característica de girar siguiendo el movimiento del Sol. ¿Quién diría que las pirámides pueden influir en este movimiento? Si además volvemos a pensar en lo dicho en la parte histórica, es decir, en la conexión entre pirámides egipcias y culto solar, el enlace de fenómenos resulta verdaderamente asombroso.

Si se desea reproducir los experimentos descritos, aconsejamos, en primer lugar, que se haga con varias plantitas, procurando que todos los ejemplares sean iguales y que puedan colocarse fácilmente en la pirámide.

Los resultados que podrán observarse son múltiples:

— las plantas situadas dentro de la pirámide crecen más deprisa;
— su movimiento diurno resulta acelerado, y se realiza en unas dos horas. Ello sucede independientemente de la cantidad de luz que alcanzan los vegetales, y continúa incluso de noche. Un pequeño imán, una cubierta de plexiglás o una hoja de papel de aluminio tienen la capacidad de inhibir el movimiento.

Parece, pues, que el fenómeno debe relacionarse con una modulación del campo magnético terrestre, producida por la pirámide e inhibida por los materiales citados.

Se ha observado además que la rotación de las plantas está relacionada con la presencia de manchas solares. El sol, como es sabido, presenta una serie de fenómenos superficiales. Los más conocidos son precisamente las llamadas *manchas*, es decir, zonas de menor luminosidad que varían con el tiempo: en algunos periodos son más numerosas, luego disminuyen hasta un mínimo de actividad, más tarde vuelven a crecer y así sucesivamente. Pues bien, se ha comprobado que, en los meses en que la actividad solar es mínima, la rotación de las plantas cesa del todo, para volver a manifestarse cuando la actividad se reanuda.

Veamos ahora cómo se realizan estos experimentos.

FICHA EXPERIMENTAL N.° 8

LOS GIRASOLES

1. Colocaremos una plantita dentro y otra fuera de la pirámide. Para tomar nota de las posiciones en los diversos momentos de observación, se pueden fotografiar las plantas en su ubicación inicial. También se puede disponer bajo las dos macetas una hoja de papel, y señalar en ella con un lápiz la posición inicial de ambas.

2. A intervalos regulares, por ejemplo cada media hora, examinaremos las dos plantas y marcaremos la posición alcanzada por cada una o haremos una fotografía del conjunto.

3. Al final podremos comprobar la diferencia de movimientos. Observaremos también si, además de la rotación, se han manifestado otros cambios de postura del tallo, que a menudo se inclina o estirase.

Pueden probarse también las siguientes variantes:

1. Introduciremos un pequeño imán en la pirámide, cerca de la planta, sobre un soporte que lo mantenga más o menos a media altura del tallo, y reanudaremos las observaciones como antes. Observaremos que la parte situada sobre el imán continúa con su movimiento, mientras que la inferior se para.

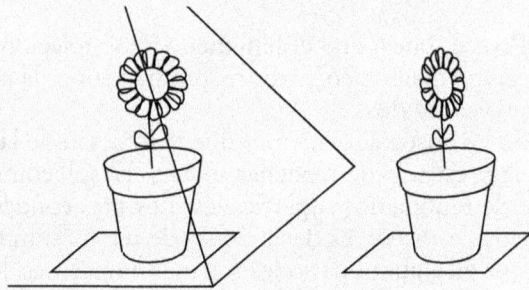

Fig. 32. Cómo disponer las plantas de girasol

2. Dispondremos dos plantas en la pirámide y cubriremos una de ellas con una pequeña cúpula de plexiglás. Observaremos que la planta «protegida» por la cúpula deja de girar, mientras la otra continúa.

3. Colocaremos un pequeño imán sobre el vértice de la cúpula de plexiglás. La otra planta también se detiene.

4. Cogeremos una hoja de papel de aluminio y la pondremos en la pirámide, en el lado oeste de la planta. Además de la posición, anotaremos sus dimensiones. Observaremos que la planta deja de girar y que, manteniéndola durante varios días, también su crecimiento se interrumpirá. Eliminando el papel de aluminio, notaremos una reanudación en movimiento giratorio y en crecimiento.

Para el éxito del experimento, es esencial que la hoja se coloque en el lado oeste. Si se sitúa entre dos plantitas alineadas en dirección este-oeste, sólo la que se halla más al este experimentará el efecto inhibidor, mientras que la otra no manifestará consecuencia alguna.

5. Colocaremos en la pirámide sólo una hoja de papel de aluminio y la dejaremos unos días. Repetiremos luego el experimento indicado en el punto 4, empleando la hoja preparada: el efecto inhibidor desaparece por completo; tanto el crecimiento como la rotación de la planta prosiguen.

6. Siempre utilizando la hoja preparada en la pirámide, podremos cambiar la dirección del movimiento de la planta: bastará colocarla en el lado norte para comprobar que su movimiento pasa de la alineación este-oeste a la dirección norte-sur.

FICHA DE AMPLIACIÓN N.° 5

EL SOL Y LAS MANCHAS SOLARES

El Sol, a simple vista, durante los pocos instantes que podemos soportar su luz sin quedar deslumbrados, parece una bola incandescente pero uniforme. En realidad, en él se produce toda una serie de perturbaciones. Ante todo, si observamos con un instrumento adecuado la superficie del Sol, esta no aparece lisa sino jaspeada. Su superficie está formada por gránulos brillantes, cuyo diámetro corresponde a varios miles de kilómetros, y cuya temperatura supera en unos 100 o 200 °C la de la superficie circundante (unos 5.700 °C).

Los gránulos están en continua evolución, se forman y se disuelven. Su vida media es de unos ocho minutos, como puede verse haciendo series de fotografías.

Las manchas, en cambio, son formaciones mucho más grandes: una mancha típica se caracteriza por una zona de sombra que suele tener un diámetro aproximado de 18.000 km, rodeada de un área de penumbra del doble de diámetro, aproximadamente. Ya Galileo y sus contemporáneos las observaron. El fenómeno de las manchas se debe a una disminución de temperatura, que puede bajar en torno a los 3.700 °C.

En general, estas aparecen en grupos en dos zonas simétricas, una encima y otra debajo del ecuador del Sol, y a menudo están rodeadas por otros puntos más claros, llamados *fáculas*.

Gracias a la observación de las manchas se puede estudiar la rotación del Sol sobre sí mismo: se observa que este no se comporta como una «bola» rígida, en cuyo caso todos los puntos deberían tener la misma velocidad. Al contrario, las zonas más próximas al ecuador se mueven más deprisa que las polares. La zona de las manchas tiene un periodo de rotación de unos veintisiete días.

Cabe destacar que muchos fenómenos geofísicos tienen precisamente este periodo característico: ya hemos hablado de las variaciones del campo magnético terrestre.

Los astrónomos han observado que la presencia de las manchas sigue un ciclo de once años, conocido con el nombre de *ciclo undecimal*, que se refiere a toda la actividad del Sol. Esta se mide con el llamado número de Wolf: 10 x mm (número de grupos visibles) + (número de manchas).

En la atmósfera del Sol se distinguen dos partes: la corona interna, que parte de la superficie y se eleva hasta el doble del radio del sol, y la corona externa, que se extiende hasta confundirse con el espacio interplanetario.

La temperatura de la corona interna alcanza varios millones de grados; en esta zona se produce una intensa emisión de ondas electromagnéticas, tanto luminosas como de radio.

En ella se producen las llamadas *protuberancias*, unas formaciones filamentosas que se elevan desde la superficie del Sol en alturas comprendidas entre 15.000 y 120.000 kilómetros, alineándose entre sí a lo largo de cientos de miles de kilómetros.

Sus configuraciones pueden evolucionar lentamente, manteniendo su aspecto durante varias semanas. En tal caso se denominan *protuberancias quiescentes*. O bien pueden experimentar una súbita aceleración hacia el espacio a una velocidad de centenares de kilómetros por segundo: en este último caso reciben el nombre de *protuberancias eruptivas*.

La forma de la corona y la actividad de las protuberancias también están sincronizadas con el ciclo undecimal.

Entre los mecanismos físicos que pueden explicar la presencia de la granulación, las manchas, las protuberancias, etc., cabe tener en cuenta, por un lado, la convección del calor y, por otro, la presencia de intensos campos magnéticos.

La convección es el fenómeno por el cual, cuando se calienta un fluido, se generan en el mismo corrientes de desplazamiento: las porciones más calientes tienden a subir y las más frías a caer.

Por otra parte, el estudio de las manchas ha revelado la presencia de campos magnéticos muy intensos, de polaridades opuestas en los grupos formados por dos manchas. La fluctuación del campo magnéti-co asociado con grupos de manchas genera probablemente también los llamados *flares*, explosiones en las que se produce una intensa emisión de radiación corpuscular, una nube de plasma que llega a la tierra un día después aproximadamente.

Al hablar del campo magnético terrestre, hemos señalado que la actividad del Sol influye en la fluctuación del mismo. Subrayaremos ahora que se han encontrado otras correlaciones sumamente intere-santes entre la actividad solar y algunos fenómenos relacionados con la vida en la Tierra.

En la figura 33 puede verse la relación entre el número de Wolf, que indica la actividad solar, y las epidemias de difteria que se mani-festaron en la antigua Unión Soviética en los últimos años del siglo XIX y los primeros del XX.

Es evidente que las dos curvas corren paralelas, al menos hasta que, en 1894, se difundió la vacuna antidiftérica. Se han hallado otras correlaciones de este tipo, entre epidemias y actividad solar, aunque los mecanismos detallados que ponen en relación los dos fenómenos aún no están claros.

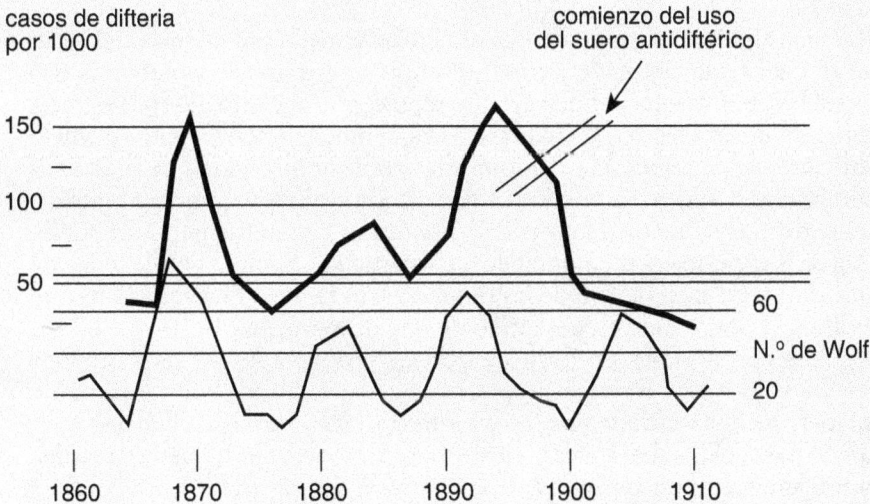

Fig. 33. Epidemias de difteria en Rusia de 1860 a 1911 y número de Wolf

El aire

Diversos investigadores han observado que el aire dentro de la pirámide es más puro de lo normal, y también que el humo se disuelve con mayor rapidez.

En general, estas observaciones se han efectuado trabajando con estructuras de un tamaño que permita acoger a una persona, y se refieren a sensaciones subjetivas.

Para medir la ausencia de impurezas en la atmósfera también es posible utilizar instrumentos sofisticados, como se ha hecho en algunos laboratorios. No obstante, se trata de experimentos difíciles de reproducir en casa.

Los isótopos radiactivos

Un isótopo radiactivo es una forma particular que adquiere un elemento químico y que emite radiaciones espontáneamente.

Con el tiempo, experimenta un proceso de decaimiento que lo deja inerte, privándolo de esta propiedad.

Según algunos informes de laboratorios científicos, la velocidad de decaimiento dentro de las estructuras piramidales resultaría mayor de lo normal.

Lógicamente, no se trata de pruebas que el investigador aficionado pueda reproducir con facilidad. Sin embargo, es interesante recordarlas, porque atestiguan también la particular energía que se encuentra dentro de las pirámides.

La gravedad

Llegamos ahora a un grupo de experimentos sumamente interesantes, porque afectan a una de las fuerzas más difundidas, con la que debemos medirnos sin cesar en la vida cotidiana y que representa en cierto modo la esencia misma de nuestros límites. Cuántas veces hemos querido levantar el vuelo como las aves, mirando el mundo desde arriba sin necesidad de máquinas complicadas y ruidosas como los aviones. Y sin embargo, como un muelle o una cadena, la fuerza de gravedad nos atrae constantemente al suelo. A algunos expertos contemporáneos, en particular Schul y Pettit, se les ha ocurrido verificar si, dentro de las pirámides, la fuerza gravitacional resulta modificada, sobre todo en el sentido de una disminución.

Estos parten de la hipótesis de que las propiedades de las pirámides derivan de los rayos cósmicos, capturados y concentrados en su estructura. Como ya hemos señalado, los rayos cósmicos están formados por una «lluvia» de partículas subatómicas (electrones, protones, etc.), que bombardea continuamente nuestro planeta.

Entre todas estas partículas, los dos expertos concentran su atención en los llamados *taquiones*, hipotéticas entidades que tendrían la capacidad de viajar a una velocidad superior a la de la luz. Siguiendo su razonamiento, resulta evidente que los taquiones deberían tener cualidades opuestas a las de la energía y los cuerpos normales.

Llegados a este punto, habría que preguntarse si estas entidades podrían disminuir la potencia de una energía como la gravedad. De ahí la idea de comprobar si objetos colocados en la pirámide (concentradora de taquiones) pierden peso. Antes de pasar a la descripción de los experimentos, es obligado hacer algunas advertencias para evitar que el lector pueda dejarse engañar por falsos resultados y ser asaltado por un entusiasmo sin motivo. Los efectos que pueda descubrir no están reconocidos por todos los científicos. Es más, la ciencia oficial acoge con cierto escepticismo todas las afirmaciones acerca de la disminución de la fuerza de gravedad y parte de la base, bastante justificada, de que se trata de un fenómeno absolutamente imposible. Hemos dicho «justificada» ya que todas las diferencias con respecto a los comportamientos normales observadas en estos experimentos son mínimas: se requiere una notable precisión para llevar a cabo correctamente las mediciones y para excluir la intervención de factores externos. Además, es difícil encontrar en el mercado todos los instrumentos necesarios en la configuración y dimensiones adecuadas. Sin embargo, quien pueda hacerlo podrá dedicarse a su construcción.

Describamos ahora el primer experimento, relativo a la pérdida de peso.

FICHA EXPERIMENTAL N.° 9

LA PÉRDIDA DE PESO

1. Utilizaremos una balanza de dos platillos capaz de medir con precisión diferencias de peso de unos gramos entre cuerpos de varios kilos. La colocaremos de manera que uno de los dos platos quepa dentro de la pirámide y el otro quede fuera (fig. 34).

Fig. 34. Colocación de la balanza y de la pirámide

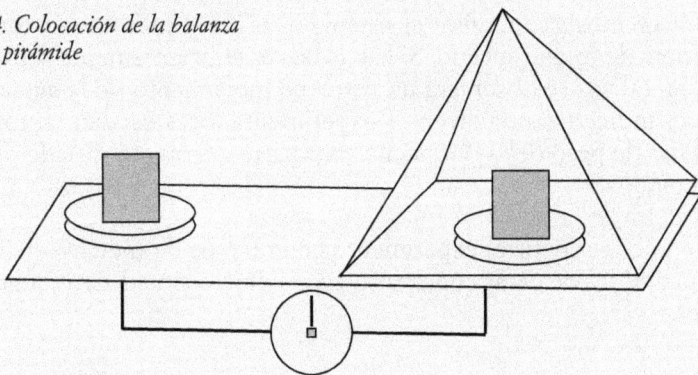

2. Escogeremos dos objetos idénticos y con el mismo peso. Para que los efectos resulten observables, no habrá que utilizar cuerpos excesivamente ligeros: el peso mínimo deberá ser de cuatro o cinco kilos.

En cuanto al material, hay que excluir cualquier sustancia porosa o fácil de hidratar, ya que en caso contrario, uno de los dos cuerpos podría absorber mayor humedad que el otro de la atmósfera, aumentar su peso y por lo tanto desplazar la aguja de la balanza, sin ninguna intervención de la fuerza de gravedad. El metal o el plástico son probablemente los materiales más adecuados.

3. Colocaremos los dos objetos sobre los platillos de la balanza y comprobaremos que esta se halle perfectamente equilibrada; debería señalar exactamente 0.

4. Situaremos su pirámide de forma que cubra uno de los dos platos, lógicamente sin tocarlo.

5. Comprobaremos que el ambiente donde está trabajando esté cerrado, de manera que ninguna corriente de aire pueda provocar el menor desplazamiento. Hay que tener en cuenta que dado el perfecto equilibrio de la balanza, incluso una fuerza infinitesimal sería suficiente para moverla. Una buena precaución podría consistir en cubrir la balanza y la pirámide con una cubierta transparente que permita leer la escala del instrumento sin mover nada.

También habrá que comprobar que el ambiente esté lo más protegido posible de vibraciones externas. En particular, una vez colocado todo, nos aseguraremos de que la aguja haya permanecido en su posición vertical, ya que podría haberse movido a causa de algún golpe.

6. Volveremos a supervisar el sistema unas horas más tarde y tomaremos nota de lo que sucede. Si la balanza es suficientemente sensible y precisa, tal vez se observará un pequeño movimiento de la aguja. Los valores indicados por diversos experimentadores oscilan en torno a pérdidas de peso del 1 % o menos por parte del objeto situado dentro de la pirámide.

7. Se puede repetir el experimento con objetos de metales distintos, con pirámides de caras cóncavas o con el objeto situado a alturas diferentes.

Con este experimento hemos querido comprobar la influencia de la pirámide en una manifestación particular de la atracción gravitacional: el peso. Pero la definición física de gravedad es más general: cualquier par de cuerpos se atrae mutuamente con una fuerza inversamente proporcional al cuadrado de su distancia (ley de Newton). La fuerza-peso es sólo el caso particular de esta ley universal, cuando uno de los dos cuerpos considerados es la Tierra. En cambio, la prueba siguiente se centra en la atracción de cuerpos distintos entre sí. Para ello partiremos de un experimento clásico, efectuado por primera vez por Cavendish en 1700, para demostrar experimentalmente la ley de Newton. Cavendish utilizó una balanza especial, formada por un brazo fijo con dos esferas en sus extremos y por un brazo idéntico móvil, libre de girar colgado de un hilo. En la versión tradicional de este experimento se observa que el brazo móvil tiende a girar de forma que las esferas se aproximen, lo que demuestra que entre ellas actúa una fuerza de atracción, aunque sea muy pequeña, pero si todo el conjunto es suficientemente sensible el desplazamiento puede medirse de forma efectiva. La versión piramidal no es sino el experimento de Cavendish realizado en una pirámide, pero el resultado que cabe esperar es el opuesto: una repulsión entre las esferas. Según los creadores de este experimento, los ya mencionados Schul y Pettit, se pueden observar desplazamientos superiores incluso a los 10 cm. Además, al retirar la pirámide, el efecto cesa por completo en pocos días.

FICHA EXPERIMENTAL N.° 10

LA GRAVITACIÓN UNIVERSAL

1. En primer lugar construiremos una balanza como la que usó Cavendish. Para ello necesitaremos una barrita de madera o de aluminio de 1 m de longitud aproximadamente. Le colocaremos en ambos extremos dos esferas, que deben tener cierta masa, a fin de que el efecto gravitacional sea apreciable. Se pueden utilizar dos bolas de petanca, o bien dos esferas huecas rellenas de pequeñas piezas metálicas.

2. Sujetaremos la barrita con las esferas a la mesa de trabajo.

3. Prepararemos ahora la barrita móvil: para ello utilizaremos una varilla de la misma longitud que la primera, rígida pero no pesada. La madera o el aluminio son los materiales más indicados. Fijaremos en los extremos de esta barra dos pequeñas esferas, evitando pesos excesivos para no deformar la estructura. Dos bolas de plástico macizo, de unos centímetros de diámetro, son una buena solución. En el centro de la varilla habrá que practicar un orificio que permita pasar el hilo de suspensión. Lógicamente, la posición debe permitir un perfecto equilibrio.

4. El hilo con el que se suspenderá la barrita móvil requiere cierta atención. Es muy adecuado el sedal de pescar, aunque antes de utilizarlo deberá estar en tensión durante unos días, a fin de eliminar su tendencia a retorcerse espontáneamente. Para ello puede colgar del techo un pequeño peso, con la parte de sedal que luego deberá utilizar para el experimento.

5. A continuación procederemos a montar el instrumento. Practicaremos un orificio en la cima de la pirámide y pasaremos por él el sedal. Ataremos un extremo al orificio de la varilla móvil y el otro a cualquier soporte o al techo, para que todo se halle sobre la varilla fija. Colocaremos la pirámide y comprobaremos que todo esté en perfecto equilibrio.

6. Entre las esferas fijas y móviles debe existir una pequeña distancia que deberá señalarse en la superficie de trabajo. Habrá que evitar mover manualmente el hilo o la varilla para evitar una serie de oscilaciones difíciles de controlar. Es mejor girar la mesa con mucha delicadeza, hasta que la distancia entre las pequeñas esferas alcance 1 cm más o menos. Volveremos a alinear la pirámide y marcaremos con un lápiz las posiciones de partida de las varillas.

7. Como en el experimento anterior, comprobaremos que no hay fenómenos perturbadores (corrientes de aire, vibraciones, golpes, etc.).
Varias horas después podemos supervisar la posición de la balanza.

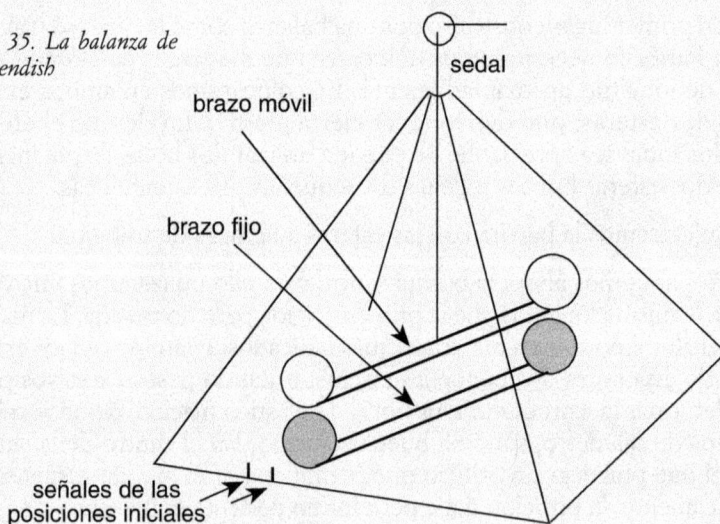

Fig. 35. La balanza de Cavendish

sedal

brazo móvil

brazo fijo

señales de las posiciones iniciales

La pila

En este apartado nos ocuparemos de la electricidad. En función de lo dicho hasta ahora, no está fuera de lugar esperar algunos resultados positivos: suponiendo, de manera bastante verosímil, que las pirámides poseen la propiedad de concentrar la energía electromagnética de los rayos cósmicos bajo la influencia del campo magnético terrestre, es lógico pensar que, si se utilizan bien, serán capaces de concentrar o «reforzar» también fenómenos eléctricos ordinarios. El verdadero problema reside únicamente en los resultados, pues serán tan modestos que requerirán, como hemos indicado, observaciones muy precisas. Una pila descargada, tras permanecer bajo la pirámide, no habrá recobrado todas las propiedades iniciales y ni mucho menos podrá usarse con algún aparato eléctrico, como, por ejemplo, una radio.

Para medir los resultados obtenidos, necesitaremos un voltímetro bastante sensible y de fácil lectura. Es preferible un instrumento digital que los tradicionales con esfera y aguja. Su sensibilidad debe permitir la lectura de diezmilésimas de voltio.

Para el éxito del experimento ilustrado en la siguiente ficha experimental, es necesario efectuar también pruebas «de control» fuera de la pirámide: las pilas normales, si se dejan en reposo, pueden manifestar una tendencia espontánea a recargarse ligeramente. Se tratará precisamente de comprobar en qué medida la pirámide acentúa esta tendencia. Por ello, será

FICHA EXPERIMENTAL N.º 11

LAS PILAS: PRIMER EXPERIMENTO

1. Etiquetaremos todas las pilas, numerándolas para no confundirlas. Mediremos y anotaremos cuidadosamente las tensiones de cada una.

2. Colocaremos algunas de ellas en la pirámide, que estará orientada como de costumbre, y las situaremos sobre un soporte de forma que queden a un tercio de la altura y que el polo positivo se dirija hacia el Norte y el negativo hacia el Sur.

3. Colocaremos las restantes fuera de la pirámide y nos aseguraremos de que no sufran desplazamientos durante un tiempo bastante prolongado (al menos un mes).

4. Al cabo de un mes, mediremos de nuevo las tensiones de las pilas e indicaremos ordenadamente las diferencias con los valores iniciales, dividiéndolas en dos grupos: el que estaba fuera y el que estaba dentro de la pirámide. Calcularemos el promedio de las diferencias para ambos.

oportuno utilizar una serie de baterías, dentro y fuera, y comparar luego los valores medios de la recarga, tal como hemos sugerido en la mayoría de los casos anteriores. También es preferible que estén sólo parcialmente descargadas y, al menos en las primeras pruebas, que sean del mismo tipo y marca. Sólo en una segunda fase podrá repetir los experimentos con pilas dotadas de características distintas.

El efecto de recarga dentro de la pirámide puede alcanzar por término medio hasta el doble del obtenido en condiciones normales.

Una variante del primer experimento puede realizarse utilizando, en lugar de pilas disponibles en el mercado, un prototipo «casero».

FICHA EXPERIMENTAL N.º 12

LAS PILAS: SEGUNDO EXPERIMENTO

1. Prepararemos un recipiente de cristal, fijando en el borde, en lados opuestos, una pequeña lámina de zinc y una de cobre, de forma que lleguen a tocar, o casi, el fondo. Fijaremos un tramo de cable eléctrico a cada una de ellas. En estos elementos metálicos (llamados *electrodos*) se depositarán las cargas eléctricas que darán origen a la corriente.

2. Verteremos agua en el recipiente y añadiremos una pequeña cantidad de ácido sulfúrico, a ser posible ya diluido, a fin de evitar posibles efectos corrosivos. En cualquier caso, al manipularlo, utilizaremos todas las precauciones que se suelen adoptar con las sustancias tóxicas: en particular, nos aclararemos bien las manos antes de tocarnos los ojos o las mucosas.

3. Conectaremos los dos extremos del cable al voltímetro y tomaremos nota de la tensión. Luego intentaremos utilizarlo para encender una pequeña bombilla. Observaremos que, al poco tiempo, esta tiende a debilitarse. Mediremos una vez más la tensión.

4. Desconectaremos los cables y guardaremos el recipiente bajo la pirámide. Repetiremos las mediciones varios días después y compararemos los resultados.

5. En cuanto a la prueba de control, podemos repetir todas las operaciones indicadas (aunque utilizando la misma cantidad de ácido y agua, láminas iguales, etc.) con un segundo recipiente, que se quedará fuera de la pirámide, o bien se utilizará el mismo, aunque cambiando el líquido y los electrodos, en una segunda fase.

EL PRINCIPIO DE LA PILA

El principio físico en el que se basa la pila eléctrica puede contribuir a aclarar aún más el mecanismo de la energía piramidal.

El ácido sulfúrico es un compuesto formado por dos átomos de hidrógeno, uno de azufre y cuatro de oxígeno. En la molécula estos se mantienen unidos gracias a fuerzas electrostáticas, similares a las que se observan al frotar con un paño de lana una varilla de vidrio. Del mismo modo que esta adquiere la propiedad de atraer cuerpos ligeros, los átomos en cuestión quedan pegados entre sí.

Sin embargo, cuando se disuelve el ácido sulfúrico en agua, estas fuerzas se debilitan considerablemente, dado que el agua es un mal conductor, y por lo tanto «se resiste» a la acción de la electricidad. La molécula de ácido se escinde entonces en dos partes, llamadas *iones*: el hidrógeno (H), cargado positivamente, y el conjunto constituido por azufre y oxígeno (SO_4), cargado negativamente. El hidrógeno va a depositarse en el electrodo de cobre, mientras los iones SO_4 emigran hacia el zinc. La distinta concentración de cargas de signo opuesto en las dos láminas metálicas genera la diferencia de potencial de la pila. En el electrodo de zinc se produce una reacción química, que proporciona la energía para el mantenimiento del proceso, y que lleva a la formación de sulfato. A su vez, este se disuelve en el agua y el electrodo se consume de manera progresiva. Antes de que el zinc esté completamente consumido, y de que la pila deje de funcionar por este motivo, interviene otro fenómeno inhibidor: el hidrógeno acumulado en el cobre modifica sus propiedades, oponiéndose al paso de corriente, que se reduce de forma considerable en poco tiempo.

Fig. 36. El principio de la pila

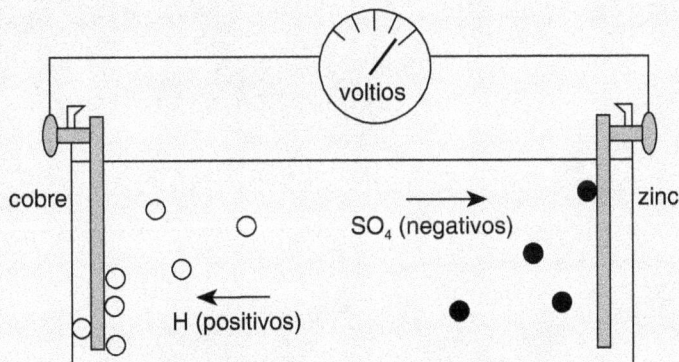

voltios

cobre

SO_4 (negativos)

zinc

H (positivos)

En las pilas que se comercializan, este efecto es inhibido recurriendo a oportunos revestimientos de los electrodos, mientras que en su modelo casero aparece en toda su extensión.

La función de la pirámide, en este caso, debería ser la de favorecer la separación de los iones que han revestido el cobre, de forma que este quede libre antes de reanudar el ciclo.

Concluimos aquí nuestra panorámica de los fenómenos que afectan a las sustancias, los objetos inanimados y las plantas.

Ahora comenzaremos a hablar del ser humano en relación con todos los aspectos energéticos, para dedicarnos a los diversos experimentos que pueden realizarse con la pirámide.

SEGUNDA PARTE

INFLUENCIA DE LA PIRÁMIDE EN EL SER HUMANO, INTERPRETACIONES Y EXPLICACIONES

Antes de exponer los fenómenos que hacen referencia a las interacciones entre la pirámide y el ser humano, debemos introducir las principales teorías sobre la energía en general y sobre la propia de los seres humanos en particular. La utilidad de este sólido geométrico está estrechamente relacionada con su capacidad de concentrar la energía y hacerla más fácil de asimilar.

Del mismo modo que hemos paseado por la geografía y la historia, iniciaremos ahora un maravilloso viaje por el planeta humano.

LA ENERGÍA

La energía cósmica

La energía es la capacidad de producir un cambio, un movimiento, una acción. Este concepto básico es común a la ciencia occidental y a los otros saberes, en los que se incluyen las filosofías orientales, como por ejemplo el yoga, y las prácticas terapéuticas de diverso tipo, como la homeopatía, la acupuntura, la pranoterapia y la radiestesia. A pesar de las aparentes diferencias, todas estas disciplinas tiene en común una análoga concepción.

En general, estas consideran que existe una energía difundida por todo el universo, que está en relación directa con todo lo existente. Dicha energía recibe diversos nombres: *prana* en las doctrinas de origen indio, *ki* o *chi* en las chinas, etc. La energía está en todo lo que nos rodea y, en caso de necesidad, se puede recurrir a ella utilizando técnicas oportunas.

Es interesante observar que, en los últimos años, la ciencia se ha aproximado considerablemente a estas ideas. Basta pensar en los rayos cósmicos, una forma de energía que, partiendo de las regiones más remotas del espacio, empapa todo lo existente para llegar hasta nosotros.

A esta misma conclusión las antiquísimas filosofías orientales habían llegado con milenios de antelación.

Aunque no llegaron a distinguir sus diversos componentes, a medir su velocidad, etc., sí habían captado sus aspectos principales. Sobre todo, habían puesto dicha energía en relación directa con la vida, algo que a la ciencia aún le cuesta reconocer en todo su alcance.

Aclaremos con una imagen esta diferencia de concepción.

Imaginemos el ser humano como un barco o un avión. Para la ciencia funciona gracias a un motor: para moverlo hay que suministrarle carburante, lubricar la maquinaria, sustituir las piezas desgastadas y reparar las averías.

Las condiciones del mar y del viento deben considerarse sólo para evitar los peligros de las tempestades, pero el viaje puede empezar incluso con viento contrario. Por su parte, las disciplinas alternativas consideran al ser humano más parecido a un barco de vela o un planeador: en este caso las condiciones atmosféricas son parte integrante del motor del aparato. En ausencia de viento es absolutamente imposible ponerse en movimiento y las corrientes ejercen una considerable influencia a la hora de llevar a cabo el viaje en la forma y en el tiempo deseados.

Algunas propiedades de la energía

Los principios yin y yang

Ante todo, en la energía se distinguen dos polaridades, en la actualidad indicadas de forma casi universal mediante sus nombres chinos: yin y yang. Estas corresponden a todas las formas de dualidad del universo, relacionadas con la distinción entre masculino y femenino.

Yang es el principio masculino, corresponde al número 1, a las fuerzas activas, a la racionalidad, al Sol. Yin, por su parte, es el principio femenino, al cual están asociados el número 2, las fuerzas pasivas, la intuición, la receptividad y la Luna.

La lista podría seguir hasta el infinito: cualquier objeto, sustancia, ser vivo o idea tiene una naturaleza en la que predomina el yin o el yang, y por lo tanto pertenece a uno u otro de los dos principios. No obstante, ambos están presentes, aunque en proporciones distintas, en toda la realidad y, en particular, en el ser humano. En cada persona, independientemente de su sexo, conviven una parte yang y una yin, y es muy importante que estas se hallen bien equilibradas. Para ello muchas prácticas orientales aconsejan ejercicios oportunos, así como reglas dietéticas precisas. También el alimento es considerado fuente de energía de uno de los dos tipos y, por lo tanto, tiene la posibilidad de corregir posibles desequilibrios.

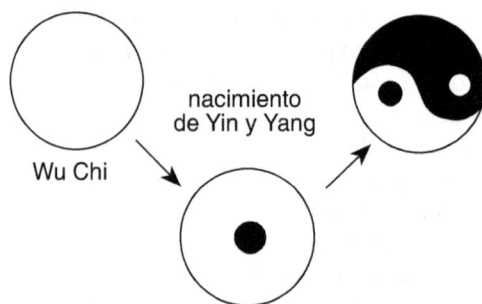

Fig. 37. Los principios masculino y femenino proceden de la fecundación de la energía original indiferenciada, el Wu Chi

Las concentraciones de energía

En segundo lugar, aunque se halla en todas partes, la energía no está difundida de forma uniforme, ni es estática: al contrario, un movimiento continuo forma parte de su misma naturaleza.

Se crean de esta forma corrientes de energía que fluyen en el espacio y que nos rodean y originan, en puntos particulares de la tierra, concentraciones de notable intensidad. Estas concentraciones se deben tanto a fenómenos puramente naturales, relacionados con la configuración física de ciertos lugares, como a la aportación, quizá durante siglos y siglos, de energía vital por parte de sus habitantes. Sin duda, al entrar en algunas iglesias o lugares sagrados, habrá advertido una particular energía difusa, o un sentimiento de respeto, como si se hallase ante la manifestación de una potencia desconocida, aunque no sea creyente. Las grandes pirámides antiguas son otro ejemplo de lo mismo.

La explicación es que, en general, los arquitectos de la antigüedad escogían los lugares para edificar sus obras precisamente en función de la energía natural concentrada en ellos. Muchas tradiciones tienen antiguas reglas para evaluar el poder de los lugares y averiguar así si son adecuados para acoger construcciones de un tipo determinado. Basta citar el arte chino del *Feng Sui* («viento y agua»), basado precisamente en esta particular «ciencia de las construcciones», que está empezando a difundirse también en Occidente. Lógicamente, no todas las corrientes de energía son benéficas. En ciertos casos pueden tener efectos negativos en el ser humano, sobre todo porque tienden a destruir su equilibrio energético. Una vez más, al entrar en una casa u otro edificio, alguna vez se habrá sentido oprimido, como si los muros le aplastasen físicamente, o invadido por una energía demasiado intensa que provoca una sensación de ansiedad e inquietud.

Las corrientes de energía y la energía concentrada en los lugares deben ser bien comprendidas para que, en lugar de experimentarlas de forma pasiva, puedan utilizarse las necesarias para mejorar la salud.

La vibración energética

La tercera característica es que la energía se presenta universalmente en forma de vibración. Esta circunstancia es importante, porque sobrentiende el concepto de acuerdo y desacuerdo de energías, relacionado con su frecuencia.

Aunque la naturaleza de las vibraciones es diversa (sonora, luminosa, de radio, etc.), sus propiedades principales son siempre idénticas.

Para comprender mejor los fenómenos vibratorios, es suficiente pensar en un tipo particular de vibración muy conocido: el sonido. Este es generado por la vibración de un cuerpo material, que puede tener lugar con mayor o menor velocidad y más o menos fuerza. La velocidad vibratoria se llama *frecuencia* y, según los casos, corresponde a la sensación auditiva de sonidos más agudos (mayor frecuencia) o más graves (menor frecuencia).

La fuerza de la vibración se denomina *intensidad*, y es percibida como un sonido más fuerte o más débil. Como todos los fenómenos de este tipo, también el sonido, una vez generado en un punto del espacio, se propaga en todas las direcciones. Esta propagación se produce en forma de ondas que, partiendo de la fuente sonora, alcanzan cualquier punto del espacio circundante, hasta que agotan su energía. Lógicamente, este viaje de las ondas no es instantáneo, sino que se produce con cierta velocidad, que es distinta según el tipo de fenómeno y el material atravesado.

Por ejemplo, la velocidad del sonido en el aire es muy inferior respecto a la de la luz. Por este motivo, durante las tormentas, oímos el trueno unos segundos después de ver el rayo: para llegar hasta nosotros, las ondas luminosas han empleado mucho menos tiempo que las sonoras.

En su viaje, las ondas transportan energía, que así es trasladada desde la fuente hasta el espacio circundante. Un fenómeno muy interesante es el de la *resonancia*, el cual, en la práctica, permite que quienes se encuentran en su camino reciban y asimilen la energía transportada. Para explicar en qué consiste dicho fenómeno, partamos de la consideración de que cada objeto tiene una frecuencia característica, es decir, una forma de vibrar que le es particularmente idónea. Es el principio por el que cada cuerda de la guitarra o del violín, cuando es pellizcada, emite una nota muy determinada. Cuando una onda golpea un objeto cualquiera que tiene su misma frecuencia característica, dicho objeto comienza a vibrar: podemos decir que recibe la onda y su energía. Esto se observa normalmente con las ondas sonoras. Si ponemos dos guitarras juntas y pellizcamos, por ejemplo, una cuerda de la primera, veremos que la misma cuerda comienza a vibrar también en la segunda guitarra. Las restantes, en cambio, no reciben esta energía.

Un segundo ejemplo es el de las ondas de radio: nuestro aparato puede recibir las ondas emitidas por la emisora porque en su interior hay un circuito especial que tiene la misma frecuencia vibratoria de la transmisión que deseamos escuchar. Sintonizar la radio no significa otra cosa que afinar este circuito, cambiando su frecuencia, hasta que coincida con la que nos interesa. Todas estas consideraciones, relativas a ondas puramente materiales, resultan válidas también para las ondas y vibraciones energéticas de que hablan las disciplinas alternativas. Estas consideran los fenómenos vibratorios en un sentido mucho más amplio y universal que la ciencia oficial. Dado que todo es energía, todo es vibración y, al menos en principio, cualquier cosa puede intercambiar energía con el resto del mundo a través de sus ondas: basta estar sintonizado correctamente.

La energía en el ser humano

Después de examinar las características generales de la energía, tal como se halla en todo el cosmos, veamos ahora de forma más detallada cómo se configura esta dentro del ser humano.

La concepción del ser humano propia de la biología y la medicina oficial, a la que estamos habituados en Occidente, es muy distinta de la de todas las disciplinas alternativas. La medicina ortodoxa considera al ser humano una máquina, y se concentra en el estudio del funcionamiento de cada una de sus partes. Piensa que, como cualquier mecanismo artificial, para eliminar su mal funcionamiento, es decir, la enfermedad, hay que reparar o sustituir el órgano «averiado». Por ello lo analiza de forma cada vez más detallada, hasta estudiar las reacciones químicas microscópicas que se producen en su interior. Los tratamientos propuestos se basan en la administración de fármacos, que tienen la finalidad de suplir carencias o reparar averías en puntos aislados del mecanismo humano. Por su parte, las disciplinas alternativas consideran que el ser humano es una unidad indisoluble: sus propiedades no derivan simplemente de la suma de sus partes, sino que dependen sobre todo del buen equilibrio energético global del organismo, tanto en su interior como en las relaciones con el ambiente. Los tratamientos indicados tienen la finalidad de restablecer o conservar este equilibrio.

En síntesis, para el médico occidental, el objeto de estudio es la enfermedad; para el oriental, el enfermo. Para subrayar este punto, recordamos una antigua tradición china, según la cual el médico tenía el deber preciso de mantener sanos a sus pacientes y de prevenir por tanto la aparición de las enfermedades. Mientras el paciente gozaba de buena salud, recibía regularmente sus honorarios. Por el contrario, cuando uno de sus pacientes enfermaba, no sólo no era pagado, sino que debía colocar en el exterior de su vivienda una linterna que hacía que se le reconociese como mal médico.

Sería deseable que estas dos concepciones distintas, la tradicional y la alternativa, llegasen por fin a una síntesis, respetando las mutuas contribuciones y aspectos positivos. No hay que olvidar que lo que está en juego es importantísimo: la calidad de nuestra vida.

Los chakras

El concepto de *chakra*, término originario de la filosofía hindú, se acepta como la forma fundamental en que la energía se estructura en nuestro cuerpo.

Esta palabra significa literalmente «rueda» o «torbellino» e indica cada uno de los centros vitales dentro del ser humano, en que la energía es concentrada, asimilada y regulada.

Desde el punto de vista puramente físico, se trata de zonas del cuerpo bien determinadas, situadas coincidiendo con los principales ganglios nerviosos o con las glándulas endocrinas, responsables de la producción de las hormonas, sustancias reguladoras de la vida física.

Aunque se hallan en puntos precisos, los chakras no coinciden con ningún órgano en particular. Su esencia es puramente energética y no material, aunque en ellos el campo energético asociado con lo vivo conecta con su correspondencia física. Precisamente por esta propiedad suya, permiten que la energía cósmica entre en contacto con la parte material del ser humano y se irradie dentro de él.

Los chakras principales son siete, situados a lo largo de la columna vertebral, aunque hay otros secundarios en diversas zonas del cuerpo, por ejemplo en las manos y en los pies. También reciben el nombre de «lotos», porque simbolizan la flor, sagrada en la India, que crece del fango hasta la plena floración, representando el desarrollo espiritual que el ser humano debe llevar a cabo. Como las flores de loto, cada chakra tiene un número característico de pétalos, y puede abrirse (cuando deja correr la energía) o cerrarse (cuando bloquea su flujo).

Del concepto de chakra deriva el de *cuerpo sutil*, la parte psíquica y espiritual del hombre, que constituye un campo de fuerza electromagnética asociado al cuerpo físico, aunque no coincidente con este.

Los siete chakras están conectados mediante una columna vertical por la que viaja la energía vital. Junto a esta red privilegiada y a su alrededor existen otros dos canales principales, y muchas otras vías de comunicación secundarias. Algunos de estos caminos energéticos corresponden a los famosos meridianos utilizados por los chinos en la técnica de la acupuntura. Recordemos que esta práctica terapéutica consiste en la estimulación de determinados puntos distribuidos a lo largo de estas líneas de fuerza. De esta forma, se restablece el correcto flujo energético, que podrá alcanzar el órgano interesado.

Cada uno de los siete chakras principales corresponde a una función básica del ser humano, y está en «resonancia» con un elemento en particular.

• **Primer chakra:** en la base de la espina dorsal, asociado con la supervivencia. Elemento: la tierra.

• **Segundo chakra:** en la parte inferior del abdomen, asociado con la sexualidad y las emociones. Elemento: el agua.

• **Tercer chakra:** en el plexo solar, asociado con el poder y la energía física. Elemento: el fuego.

• **Cuarto chakra:** sobre el esternón, asociado al amor. Elemento: el aire.

• **Quinto chakra:** en la garganta, asociado con la comunicación. Elemento: el sonido.

• **Sexto chakra:** en el centro de la frente, asociado con la clarividencia y la intuición. Elemento: la luz.

• **Séptimo chakra:** en la parte superior de la cabeza, asociado con el conocimiento. Elemento: el pensamiento.

Es fácil intuir que, para regular la calidad y cantidad de energía en cada uno de los niveles, hay que actuar en el chakra correspondiente. Cuando uno de ellos está cerrado, el flujo de energía está bloqueado y la función vital relacionada resulta inhibida, causando sufrimiento y dificultades de todo tipo. Además, dado que todos los chakras están conectados entre sí y se intercambian continuamente energía vital, todo el organismo quedará desequilibrado y no podrá expresar todas sus posibilidades.

Para aclarar mejor estos conceptos, le proponemos un ejercicio que le permitirá experimentar la sensación producida por un chakra. Para mayor comodidad, nos referimos a uno de los secundarios, que se halla en las manos.

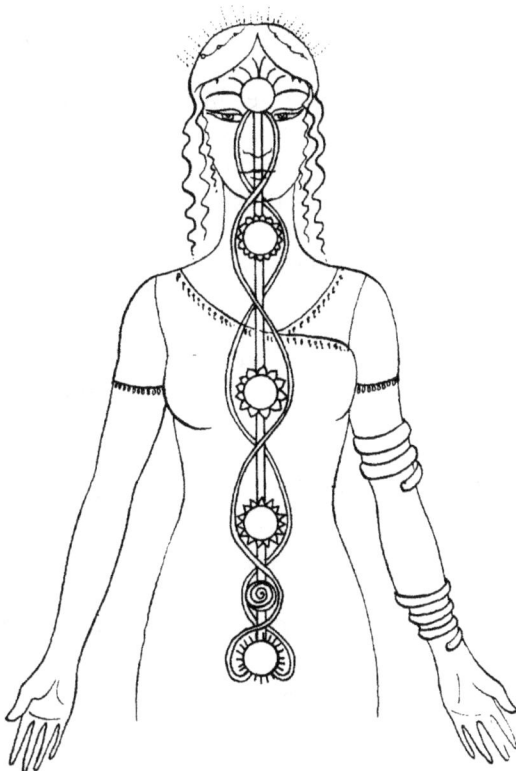

Fig. 38. La representación esquemática de los siete chakras principales, con los canales más importantes

FICHA EXPERIMENTAL N.º 13

LA EXPERIENCIA DE UN CHAKRA

1. Extenderemos los brazos hacia delante, manteniéndolos paralelos al suelo y con los codos rectos.

2. Volveremos una palma hacia arriba y la otra hacia abajo y abriremos y cerraremos las dos manos rápidamente unas veinte veces.

3. Invertiremos la posición de las palmas y repetiremos el ejercicio.

4. Separaremos los brazos medio metro y, con las manos abiertas, los juntaremos lentamente, como si quisiéramos coger algo, hasta que la distancia entre ambos se reduzca a unos pocos centímetros. Tendremos la sensación de tocar una esfera de energía y, si somos lo bastante sensibles, podríamos incluso advertir una especie de torbellino.

Las pruebas de la existencia del cuerpo energético

Hemos dicho que el ser humano está dotado de un cuerpo de energía, al que, según las tradiciones, se han atribuido diversos nombres (cuerpo sutil, aura, etc.) y del que se han privilegiado determinadas características.

El lector podría preguntarse si existen pruebas tangibles de su existencia, si de alguna manera dicho cuerpo puede revelarse físicamente.

La respuesta a esta pregunta es afirmativa, ya que es posible fotografiar el cuerpo sutil del ser humano, es decir, su campo de energía, con técnicas particulares conocidas con el nombre de *fotografía Kirlian*.

La fotografía Kirlian es utilizada habitualmente en todas las disciplinas basadas en el flujo energético de un individuo a otro. Aplicada sobre todo a

---

FICHA DE AMPLIACIÓN N.º 7

FOTOGRAFIAR LA ENERGÍA

La fotografía del campo de radiaciones, o fotografía Kirlian (que recibe el nombre de los técnicos rusos que la inventaron), es un proceso que ofrece una nueva manera de mirar el mundo, al proporcionar la posibilidad de visualizar campos de energía invisibles que pueden empapar todas las sustancias y, en particular, las vivas. Todos los lectores habrán provocado alguna vez una chispa tan pequeña como molesta, caminando por una alfombra, poniéndose una prenda o bajando del automóvil, al entrar en contacto con un objeto metálico o con otra persona. La energía de esa chispa puede utilizarse para fotografiar un objeto muy pequeño, como por ejemplo una moneda, apoyándolo en la superficie emulsionada de una película fotográfica en una habitación oscura.

Colocaremos la película con el objeto sobre la mesa o, mejor aún, sobre una placa metálica pulida. Provocaremos la chispa simplemente acercando un dedo al objeto, y luego revelaremos la película. Si la imagen es demasiado débil, se puede provocar varias veces la chispa sin mover el objeto. También se puede aumentar el rendimiento de la imagen utilizando como base una placa metálica conectada a tierra. El proceso que se produce como resultado de la chispa es bastante complejo y no se ha explicado por completo. Sin embargo, se sabe que es emitido todo un conjunto de radiaciones y que algunas de ellas pueden ser fotografiadas. En la práctica, los fotógrafos Kirlian utilizan cámaras especiales para aumentar la tensión y, por lo tanto, el rendimiento de las fotografías. Estos aparatos se basan en el mismo principio que los

---

las manos, permite examinar la cantidad y calidad de energía localizada en esta parte del cuerpo, así como la capacidad de irradiar o absorber esta energía. Ejemplos de estas disciplinas son la pranoterapia y el reiki. En la pranoterapia, un operador le cede al paciente, a través de las manos, la energía vital (llamada precisamente *prana*) que le falta; o bien absorbe la energía en exceso. Lógicamente, el terapeuta debe estar dotado de una reserva energética para poder dar a los demás la energía en exceso, y debe saber descargar la energía absorbida para no enfermar a su vez.

En cambio, en el reiki el operador aprende a utilizar la energía cósmica sin recurrir directamente a sus propias reservas, y sus manos se convierten en un simple canal de paso a través del cual la corriente energética se transmite al paciente.

FICHA DE AMPLIACIÓN N.º 7 *(continuación)*

transformadores eléctricos o las bobinas. Además, están dotadas de temporizadores, capaces de producir continuamente chispas a un ritmo preestablecido durante un tiempo escogido por el operador. Lógicamente, es necesario que las corrientes sean muy bajas. Las imágenes que se forman en la película son representaciones de la estructura energética del cuerpo fotografiado. En general, en torno a este aparecen «coronas» cuya luminosidad, color y forma dependen del tipo de objeto. Si este es inanimado, las características suelen ser bastante estáticas, pero, en el caso de los seres vivos, la corona cambia con las condiciones físicas, emotivas y mentales de la persona. Un efecto muy interesante, observado al trabajar con los vegetales, es el siguiente: si se fotografía una hoja, luego se elimina un trocito de la misma y se repite la fotografía, es posible que se produzca de nuevo la imagen entera, como si la hoja estuviese completa. Ello sugiere que el cuerpo energético es relativamente independiente del físico y que, incluso tras posibles alteraciones de la materia, puede seguir existiendo, al menos durante algún tiempo.

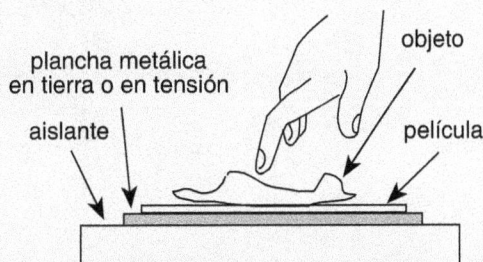

Fig. 39. La fotografía Kirlian

objeto

plancha metálica en tierra o en tensión

aislante

película

Con estas consideraciones terminamos nuestra breve divagación sobre la energía. En resumen, hemos visto que:

— existe una energía cósmica que se encuentra difundida por todas partes;
— existe una energía vital. En particular, en el ser humano la elaboran unos centros particulares, llamados *chakras*;
— existe la posibilidad para el ser humano de recurrir a la energía cósmica para aumentar y equilibrar su energía vital.

Veremos en el próximo capítulo algunas modalidades según las cuales se producen estos intercambios.

Los intercambios de energía entre los seres humanos y el ambiente

La respiración

Según todas las disciplinas alternativas, el sistema más sencillo, eficaz y universal para tomar energía cósmica es la práctica de una correcta respiración, que no sólo enriquece la sangre con oxígeno y proporciona energía para nuestra vida física, sino que permite absorber las vibraciones positivas que abundan en el espacio que nos rodea.

Por desgracia, el ser humano no suele respirar con la adecuada lentitud y profundidad, y parte de los efectos beneficiosos de este sencillo acto se pierden. Basta decir que un par de pulmones normales puede contener aproximadamente un litro de aire, mientras que las personas en general inspiran más o menos la mitad. También la vida sedentaria y las ocupaciones preferentemente intelectuales, a las que la mayor parte de nosotros dedica casi todo su tiempo, limitan la capacidad respiratoria. Ansiedad, tensión, miedo, contaminación y aire viciado contribuyen a agravar la situación. Por ello, es necesario aprender a respirar. A lo largo de los siglos se han propuesto múltiples técnicas respiratorias, algunas de tipo general, otras adecuadas para necesidades específicas.

Propondremos al lector dos técnicas distintas, capaces de aportar notables beneficios incluso si las realiza en una habitación normal de su piso, aunque si intenta realizar los ejercicios respiratorios dentro de un espacio piramidal observará ventajas muy superiores. La pirámide funcionará como una especie de lente que aumentará en gran medida la eficacia del campo energético que le rodea.

Para obtener los mejores resultados en todos los ejercicios que siguen, no conviene llevar prendas demasiado ajustadas. Hay que evitar los cinturones y quitarse el reloj y otras joyas que aprieten la muñeca o el cuello.

FICHA EXPERIMENTAL N.º 14

LA RESPIRACIÓN: PRIMERA TÉCNICA

1. Nos sentaremos en una posición cómoda y nos relajaremos.

2. Inspiraremos con calma, tratando de llenar el máximo posible los pulmones, y contaremos lentamente. Procuraremos que el aire llene primero el vientre, luego el pecho y por último la garganta y los hombros.

3. Contendremos el aliento durante un instante, y luego espiraremos en el orden inverso: primero desde los hombros y la garganta, luego desde el pecho y, por último, desde el vientre. Seguiremos contando, de nuevo a partir de uno, también en esta fase.

4. Esperaremos un instante antes de reanudar la inspiración, y luego volveremos a empezar.

5. Repetiremos el ejercicio al menos diez veces.

6. Al principio no nos preocuparemos demasiado de cuánto logra contar en las distintas fases. Después de unos días de práctica, estableceremos un número, por ejemplo cinco o seis, y trataremos de no bajar de esa cifra. Con el tiempo, nos esforzaremos constantemente para aumentar este número, prolongando también las fases de interrupción al final de la inspiración y la espiración.

Este sencillo ejercicio es la base de todas las técnicas respiratorias y constituye un excelente entrenamiento inicial para los pulmones. Cuando logremos realizarlo a la perfección, podremos pasar al siguiente.

LA RESPIRACIÓN: SEGUNDA TÉCNICA

1. Nos sentaremos en una posición cómoda, pero con la espalda erguida.

2. Cerraremos con el índice de la mano derecha la fosa nasal derecha.

3. Inspiraremos profunda y lentamente con la fosa nasal izquierda.

4. Cerraremos con el índice de la mano izquierda la fosa nasal izquierda, y espiraremos con la otra hasta vaciar completamente los pulmones.

5. Sin cambiar de mano, inspiraremos con la fosa nasal derecha.

6. Al término de la inspiración, cerraremos la fosa nasal derecha y espiraremos con la izquierda.

7. Continuaremos de esta forma: cada fosa nasal debe realizar un ciclo inspiración-espiración completo antes de efectuar el cambio.

8. Habrá que efectuar al menos veinte respiraciones completas por cada lado.

Este ejercicio actúa en el sistema nervioso, equilibrando su energía. Además, favorece la relajación general y ayuda a disfrutar de un sueño profundo y reparador.

En general, las técnicas respiratorias suelen combinarse con ejercicios que facilitan la relajación corporal. A continuación indicamos uno que puede realizarse antes de iniciar la respiración.

LA RELAJACIÓN

1. Nos acomodaremos en una habitación en penumbra, sobre una alfombra o una estera bastante blanda. Nos aseguraremos de que la temperatura sea bastante elevada, porque la relajación puede provocar una sensación de frío. Conviene tener incluso una manta a mano.

2. Nos tenderemos de espaldas y nos colocaremos en una posición lo más cómoda posible. Respiraremos profundamente, a un ritmo constante durante todo el ejercicio. Cerraremos los ojos.

3. Mientras inspiramos, levantaremos la pierna izquierda unos centímetros y la mantendremos inmóvil, tensando los músculos y conteniendo el aliento durante unos segundos. Luego espiraremos y al mismo tiempo bajaremos la pierna, relajando la tensión de todos los músculos. Esta debe caer al suelo como un objeto inanimado. La sacudiremos ligeramente haciendo oscilar los músculos y luego la apoyaremos en el suelo.

4. Realizaremos los mismos movimientos con la otra pierna.

5. Pasaremos al brazo derecho: lo levantaremos ligeramente, apretaremos el puño y tensaremos los músculos conteniendo la respiración. Luego espiraremos, nos relajaremos y lo dejaremos caer.

6. Repetiremos los mismos movimientos con el brazo izquierdo.

7. Pasaremos a la cabeza: primero la giraremos a ambos lados, tensando la musculatura del cuello. Luego, al inspirar, la levantaremos ligeramente, contendremos el aliento y tensaremos los músculos; después espiraremos y nos relajaremos apoyándola de nuevo.

8. Ahora el rostro: arrugaremos la nariz, sacaremos los labios hacia fuera con la boca cerrada y apretaremos los párpados. Tensaremos los músculos faciales conteniendo el aliento y luego nos relajaremos. Repetiremos el ejercicio con la boca abierta.

9. A continuación nos concentraremos en nuestro cuerpo, comenzando por las puntas de los pies y subiendo lentamente. Comprobaremos que cada parte esté relajada. La respiración debe ser lenta y profunda.

10. «Observaremos» con los ojos de la mente el cuerpo, completamente abandonado y relajado. Dejaremos correr libremente el pensamiento.

11. Cuando estemos preparados, doblaremos los dedos de las manos y los pies, luego las piernas y los brazos. Por último abriremos los ojos.

Para aumentar la energía vibracional asociada con la respiración, se pueden emitir sonidos lentos y rítmicos. En la siguiente ficha damos las indicaciones necesarias.

FICHA EXPERIMENTAL N.° 17

LA VOCALIZACIÓN

1. Nos tenderemos de espaldas en una habitación en penumbra; apoyaremos los brazos en el suelo, ligeramente separados del cuerpo. Las piernas deben estar levemente separadas, con las puntas de los pies hacia fuera. Como en el ejercicio anterior, es preciso tener una manta a mano.

2. Cerraremos los ojos y respiraremos tres veces lenta y rítmicamente (véase ficha experimental n.° 14).

3. Inspiraremos y contendremos el máximo posible el aliento. Espiraremos con la boca abierta sin que los músculos faciales se pongan rígidos y, junto al aire, dejaremos salir de la garganta un sonido profundo y vibrante.

Procuraremos que la lengua permanezca inmóvil en la boca. Para tener la seguridad de proceder correctamente, deberemos advertir la vibración dentro de la base del cuello, como si el sonido procediese de las vísceras.

4. Repetiremos el mismo procedimiento con un sonido idéntico siete veces al menos, y luego pasaremos al siguiente.

Utilizaremos por orden los siguientes sonidos, que corresponden a los siete chakras principales:

— primer chakra: *lam*;
— segundo chakra: *vam*;
— tercer chakra: *ram*;
— cuarto chakra: *yam* o *sam*;
— quinto chakra: *ham*;
— sexto chakra: *om*;
— séptimo chakra: este chakra no tiene asociado ningún sonido en particular. Escoja el que mejor se adapte a su sensibilidad.

Todas estas sílabas deben prolongarse mientras dure la espiración.

La radiestesia

El término *radiestesia* se acuñó hacia 1930 para indicar el conjunto de procedimientos que permiten identificar radiaciones. Estas radiaciones pueden proceder del suelo (y se utilizan, por ejemplo, para la búsqueda de manantiales), del cuerpo humano (para el diagnóstico de enfermedades) o de otros objetos (cuyo estado energético general revelan).

Antiguamente se utilizaban los términos *rabdomancia* y *rabdomante*, que se refería sobre todo a los buscadores de agua. La búsqueda de las radiaciones se efectúa con una varita o un pequeño péndulo. La primera es desde hace siglos el instrumento clásico utilizado para hallar las fuentes. El buscador de agua camina, sosteniéndola con ambas manos, por la zona que se debe examinar. Cuando pasa por un punto por el que corre un manantial subterráneo, la varilla comienza a agitarse, dando la impresión a los presentes y al propio rabdomante de ser animada por una fuerza propia. Una explicación de este comportamiento es la siguiente: coincidiendo con el curso de agua subterráneo se produce una pequeña anomalía del campo magnético terrestre, un salto de energía respecto a la zona circundante. El buscador, si es lo bastante sensible, recibe un efecto fisiológico inconsciente y, de forma automática, sujeta con menor fuerza la varita. Tiene así la impresión de un movimiento por parte de su instrumento, trata de combatirlo y, de esta forma, no hace sino aumentar su inestabilidad: comprueba que la varita se mueve y declara haber hallado el agua.

El péndulo es un instrumento mucho más versátil, con el que es posible realizar una serie de interesantes experimentos. Podemos construir uno, colgando un pequeño peso (de al menos 50 g, para evitar que se agite al menor temblor de la mano) de un hilo fino. Cuanto más largo sea el hilo, más lentas serán las oscilaciones: por eso deberá medir al menos 50 cm, a fin de poderlas contar fácilmente. Se sujeta formando una pequeña vuelta en el extremo libre e introduciéndola en el dedo índice. También se puede utilizar un hilo más largo, parcialmente enrollado en una varilla, lo cual permite además regular las dimensiones del instrumento.

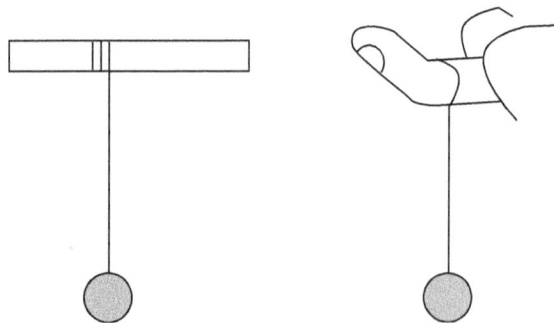

Fig. 40. El péndulo

Con el uso del péndulo es posible:

— buscar las anomalías energéticas (magnéticas, eléctricas, etc.) en el suelo o en las proximidades de objetos;
— examinar las energías irradiadas por el ser humano, accionándolo cerca de los distintos órganos, con la posibilidad de efectuar diagnósticos más o menos precisos sobre su salud (radiestesia médica).

Este segundo uso del péndulo se relaciona directamente con las siguientes afirmaciones:

a) toda la realidad está empapada de energía;
b) dicha energía tiene carácter vibratorio;
c) los seres humanos la emiten en calidades y cantidades particulares;
d) del mismo modo son capaces de percibirla, transmitiendo movimientos inconscientes a sus músculos, y por tanto al péndulo;
e) para cada persona, estos movimientos inconscientes no varían en presencia de un idéntico estímulo;
f) esta circunstancia permite utilizar el péndulo como instrumento de observación y medición de la energía vibratoria. Un exceso o un defecto coincidiendo con cierto órgano revela bloqueos o acumulaciones energéticas, y por tanto una patología.

FICHA EXPERIMENTAL N.° 18

EL PÉNDULO

1. Fabricaremos un péndulo tal como hemos explicado.

2. En primer lugar, habrá que contrastar su sensibilidad. Realizaremos un circuito eléctrico formado por una pila, un tramo de cable rectilíneo a nivel del suelo y, si es posible, una resistencia variable, es decir, un dispositivo que para modificar la intensidad de corriente que circula por el cable.

3. Lo colocaremos perpendicularmente al cable eléctrico y encima del mismo. Haremos oscilar el péndulo y esperaremos unos instantes contando las oscilaciones.
   A partir de cierto número, observaremos que cesa su movimiento oscilatorio y comienza a girar.
   De esta manera el péndulo reacciona frente al campo magnético creado por la corriente.

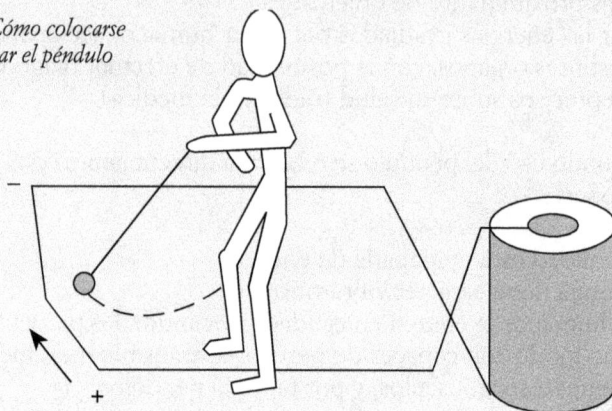

Fig. 41. Cómo colocarse para probar el péndulo

4. Intercambiaremos el polo positivo y el negativo y repetiremos la prueba. El sentido de rotación será opuesto.

5. Intentaremos variar la intensidad de la corriente que pasa por el cable y repetiremos el experimento: veremos cómo cambia el número de oscilaciones que se producen antes del inicio de la rotación. Este será menor si la corriente es más intensa, y mayor si disminuye. En otras palabras, el número de oscilaciones proporciona una medida, aunque aproximada, de la intensidad de corriente y del campo magnético asociado con ella. Lógicamente, para ser precisos, habría que repetir más de una vez cada prueba y tener en cuenta el promedio de los valores obtenidos. De esta forma se reduciría al mínimo la influencia de los factores subjetivos.

6. Pueden repetirse las mismas pruebas sustituyendo el cable eléctrico por un pequeño imán. El resultado será similar.

7. Utilizaremos ahora el péndulo para comprobar la presencia de energía en torno al ápice de la pirámide. Bastará con seguir el mismo procedimiento actuando encima de ella. Notaremos cierta resistencia a alcanzar el vértice, y una marcada tendencia a girar alrededor del mismo.

8. Ahora utilizaremos el péndulo para «sentir» la energía de los chakras de un amigo. Le pediremos que se tienda y luego seguiremos de la forma acostumbrada, haciendo oscilar el péndulo sobre el punto que se desea examinar y contando las oscilaciones antes de que se genere el movimiento giratorio. Así podremos comprobar qué chakras son más ricos en energía y cuáles, por el contrario, son más débiles.

Colores y cristales

Cada color corresponde a una vibración luminosa de una frecuencia particular. Cada frecuencia está asociada con un nivel de energía y un chakra que la puede captar. Nuestro comportamiento con respecto a los colores expresa inconscientemente una carencia o un exceso de la energía asociada a ellos.

Sin duda, preferimos un color determinado para vestir, o bien combinamos colores distintos, sin mostrar preferencias particulares por ninguno. Ello se debe a que nuestro inconsciente busca las energías carentes y evita las ya presentes en exceso. Este mecanismo sirve para efectuar intervenciones o tratamientos. Veamos las características de los colores principales.

- **Amarillo:** está asociado con el tercer chakra. Estimula el sistema nervioso, las funciones de la respiración y la nutrición, pero sobre todo la esfera mental; aumenta la capacidad de concentración. Desarrolla el conocimiento. En exceso puede provocar agitación psíquica.

- **Azul:** está asociado con el quinto chakra. Favorece la absorción del prana, regula el pulso y la respiración, genera calma y favorece el sueño. Desarrolla el idealismo.

- **Blanco:** está asociado con el séptimo chakra. Favorece el equilibrio general de la energía.

- **Índigo:** está asociado con el sexto chakra. Estimula la espiritualidad, el sentido místico y la aspiración a elevarse por encima de la materia. Fortalece los sentimientos y da tono a la voz. Desarrolla la fuerza mental.

- **Naranja:** se asocia con el segundo chakra. Estimula las funciones asociadas con la digestión y la asimilación del alimento, fortalece el corazón y el plexo solar. Tiende a desarrollar la creatividad.

- **Rojo:** está asociado con el primer chakra. Aumenta el tono energético total, la fuerza física, el ritmo cardíaco y, en general, todos los recursos del cuerpo asociados con la supervivencia, hasta degenerar en agresividad excesiva. Desarrolla el coraje.

- **Verde:** está asociado con el cuarto chakra. Tiende a calmar y relajar, por lo que resulta indicado en las situaciones psíquicas de excesiva preocupación y agitación, mientras que es inadecuado en todos los estados que pueden desembocar en la depresión. Desarrolla el amor en sentido general.

- **Violeta:** también está asociado con el sexto chakra. Aumenta en general la resistencia del organismo, reduce la presión y favorece el sueño. Desarrolla las facultades psíquicas y las cualidades de médium.

La forma más sencilla de utilizar estos conocimientos es escoger el vestuario o los objetos de los que se rodea. Puede combinarlos con el uso de la pirámide de la forma ilustrada en la página siguiente.

FICHA EXPERIMENTAL N.º 19

LOS COLORES

1. Necesitaremos una lámpara que pueda apantallarse con filtros para obtener una luz de todos los colores enumerados.

2. Colocaremos el filtro rojo y apagaremos las otras luces, de forma que la habitación adopte una coloración uniforme.

3. Entraremos en la pirámide (para la construcción véase pág. 134) y realizaremos el ejercicio de relajación (véase ficha experimental n.º 16).

4. Al finalizar anotaremos con suma precisión nuestras sensaciones y pensamientos.

5. Repetiremos al día siguiente con el color sucesivo y continuaremos con un color al día hasta agotar la lista.

6. Comprobaremos los efectos que hayamos conseguido, releyendo los apuntes. De este modo habremos obtenido un diagnóstico de nuestras necesidades energéticas.

7. Proseguiremos con el color que más nos haya gustado, y cuya energía, por lo tanto, más necesitemos.

Otro método basado en los mismos principios es el uso de los cristales y los metales. Gracias a sus peculiares cualidades vibratorias, cada uno de ellos, si se apoya en un punto del cuerpo y, en particular, en un chakra, tiene la capacidad de devolver el equilibrio a determinados órganos y funciones.

- **Aguamarina:** está asociada con el quinto chakra. Refuerza riñones, hígado y tiroides y ayuda a liberar las emociones.

- **Ámbar:** está asociado con el segundo y el tercer chakra. Influye positivamente en el sistema endocrino, el bazo y el corazón, y tiene la propiedad de calmar y aliviar la melancolía.

- **Cuarzo:** no está asociado con ningún chakra en particular. Tiene múltiples propiedades, que dependen de su calidad y coloración.

- **Diamante:** está asociado con el séptimo chakra. Aleja los sentimientos negativos y exalta la energía del cuerpo, de la mente y del espíritu.

- **Jade:** está asociado con el cuarto chakra. Purifica la sangre, aumenta la longevidad y la fertilidad, da serenidad y favorece la armonía interior.

- **Lapislázuli:** está asociado con el sexto chakra. Refuerza los huesos, aumenta la vitalidad y proporciona claridad mental.

- **Ónice:** está asociado con el primer chakra. Reduce el estrés, refuerza la médula ósea y aumenta el autocontrol.

- **Rubí:** está asociado con el primero y el segundo chakra. Revitaliza la sangre y proporciona valor y altruismo.

- **Zafiro:** está asociado con el sexto chakra. Estimula las actividades psíquicas, proporcionando claridad e inspiración, y refuerza la voluntad.

También la forma tiene una importancia particular. Los cristales piramidales, por ejemplo, ejercen una acción particularmente rápida y enérgica, favoreciendo un nuevo equilibrio personal, interno y externo. Los cristales se pueden utilizar para transmitir energía al ambiente, simplemente teniéndolos en la habitación donde se trabaja o se pasan muchas horas. En la cristaloterapia, en cambio, son colocados directamente en contacto con los chakras del paciente.

La influencia del lugar

Ya hemos dicho que los lugares pueden estar cargados de energía, positiva o negativa, e influir en cualquier persona que se encuentre en ellos.

Esto es aún más cierto en el caso de las viviendas, en las que pasamos mucho tiempo, y, sobre todo, en lo que respecta a los puntos en los que pasamos periodos más largos y regulares. La posición de la cama, por ejemplo, es fundamental para una correcta absorción energética, dado que generalmente, durante el sueño, estamos más abiertos a la recepción de energías. Los antiguos chinos, con la ya citada técnica del Feng Sui, desarrollaron un arte muy detallado para la elección del lugar de construcción de los edificios, y también para su decoración interna. Esta debería estructurarse evitando los «ángulos muertos», a los que no llega energía, pero también corrientes excesivamente violentas. Por su parte, los expertos occidentales han desarrollado una disciplina, la geobiología, que se ocupa de investigaciones similares. Estos partieron de la observación de que aquellas personas que, en épocas sucesivas, habían habitado las mismas casas eran afectadas frecuentemente por enfermedades idénticas, incluso por las mismas formas de cáncer. Indagando sobre estos hechos, descubrieron que la posición de la cama se hallaba:

— coincidiendo con el paso de un curso de agua subterráneo. Como ya se ha indicado a propósito de la rabdomancia, en estos casos se produce una variación del campo magnético terrestre, que puede detectarse con la varita o con el péndulo. Esta anomalía magnética es más intensa coincidiendo con las orillas que en el centro del curso de agua, pero su influencia se puede extender a lo largo de varios metros;

— sobre una falla u otra anomalía geológica. Las fallas son puntos del terreno en que una gran masa rocosa se ha dividido en dos bloques, que luego se han alejado y han creado una grieta. Otros tipos de anomalías geológicas son las cavidades subterráneas y los puntos en que dos tipos de rocas o terrenos muy distintos entran en contacto. En todos estos casos se producen diferencias de potencial eléctrico y corrientes, que actúan en el campo magnético terrestre, como sucede en el caso de los cursos de agua. Sin embargo, los efectos tienen generalmente un radio de acción más limitado (1 m, aproximadamente).

Por otra parte, también la presencia en las proximidades de fuentes artificiales de contaminación electromagnética, como centrales eléctricas, líneas de alta tensión muy próximas a la casa, potentes emisoras de radio, etc., ha revelado una influencia negativa en la salud.

El médico suizo Hartmann descubrió asimismo la existencia de una red de fuerzas particular, que recibe el nombre de *red de Hartmann* o *red H*, cuyos nudos resultan especialmente perjudiciales. Se trata de un auténtico entramado de energía que cubre toda la superficie del globo.

Sus mallas tienen los lados situados en dirección norte-sur (2 m de longitud) y este-oeste (2,5 m de longitud), mientras que sus «muros» miden 21 cm de espesor. Las dimensiones reflejadas son las correspondientes a Europa; cerca de los polos tienen tendencia a disminuir. Además, se trata de unas dimensiones medias, dado que en lugares particulares la red puede experimentar deformaciones particulares, a consecuencia de anomalías locales del terreno, fuentes eléctricas, etc.

Diversos experimentos, además de la observación de casos concretos, han demostrado que los nudos de la red H son particularmente nefastos.

Fig. 42. *Anomalías geológicas*

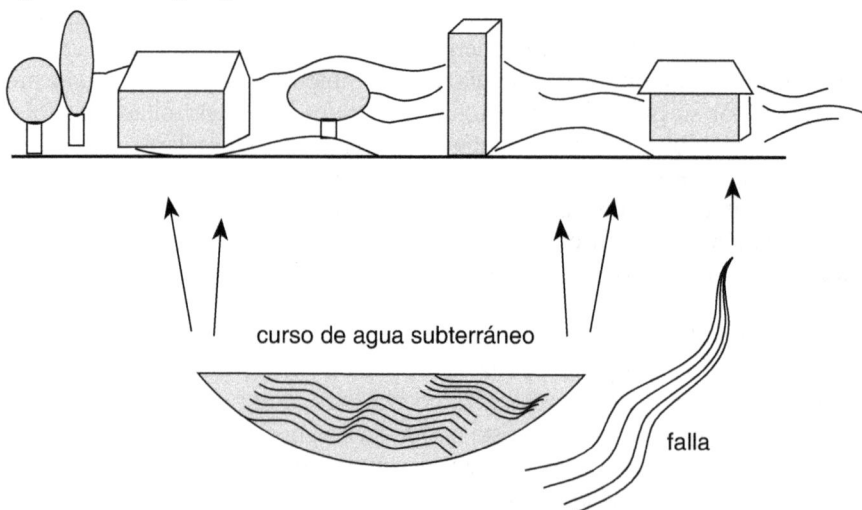

curso de agua subterráneo

falla

Para comprobar el efecto de la red se utilizaron algunos ratones. Sus jaulas se dividieron en dos grupos: el primero se colocó sobre los nudos, el otro en las zonas neutras. Luego se inocularon células tumorales a todos los ratones. Los que se hallaban coincidiendo con los nudos enfermaron y murieron en pocos días. Los otros, por el contrario, en buen porcentaje lograron combatir la enfermedad y sobrevivir.

Este experimento demuestra que las defensas inmunitarias del organismo resultan debilitadas por la irradiación de los nudos H, lo cual explica el efecto perjudicial de dichos puntos.

A fin de determinar la configuración de la red y, sobre todo, localizar sus nudos, es posible utilizar aparatos de medición como los microamperímetros, capaces de detectar la irradiación electromagnética.

Un método más casero, pero igualmente válido, a condición de tener suficiente paciencia, es el uso del péndulo o de la varita de rabdomante, o también de antenas particulares introducidas precisamente con este fin. De todas formas, estas últimas no son sino derivaciones y evoluciones de la varita clásica. Cuando, para colmo de mala suerte, coincidiendo con un nudo H se hallan también un curso de agua subterráneo, una falla u otra anomalía, los efectos se suman: estos puntos son tan nocivos que han merecido el siniestro nombre de *puntos cáncer*.

Veamos ahora cómo determinar la red H utilizando el péndulo.

FICHA EXPERIMENTAL N.° 20

LA RED H

1. Conseguiremos un plano o un boceto de la habitación que se desea examinar. Presumiblemente se tratará del dormitorio, el lugar donde las influencias geológicas son más peligrosas.

2. Comenzaremos por un rincón de la habitación: haremos oscilar el péndulo hacia delante y hacia atrás, contando sus movimientos, y esperaremos a que se manifiesten posibles rotaciones.

3. Si estas no se producen, señalaremos en el plano un círculo; en caso contrario, un punto; escribiremos junto a él el número de oscilaciones que habremos contado antes de la rotación.

4. Avanzaremos aproximadamente un metro a lo largo de la pared y repetiremos el procedimiento. Continuaremos así hasta encontrar el muro. Ahora, nos moveremos de lado, siempre un metro aproximadamente, y realizaremos otra serie de pruebas. Procederemos de esta forma hasta cubrir toda la superficie de la habitación.

5. Examinaremos ahora el plano. Si no hemos notado ni siquiera un punto, escogeremos unos puntos intermedios entre los marcados a fin de obtener una «rejilla» más estrecha. En teoría, para tener la seguridad de que los nudos caigan entre los puntos medidos, habría que realizar una medición cada 20 cm aproximadamente.

6. Si tampoco de esta forma señala ningún punto, seremos muy afortunados: no hay anomalías magnéticas, y además la red H no afectará a nuestra habitación.

7. Si, por el contrario, hemos hallado algún punto significativo, ante todo repetiremos las mediciones en nuestras proximidades para determinar con mayor precisión su área de influencia. Además de los nudos H, podría haber también cursos de agua, etc., que afectan zonas más amplias. Indicaremos con exactitud los resultados en el plano.

8. Ahora sólo deberemos comprobar qué coincide con las zonas patógenas identificadas. Si están lejos de la cama o de otros puntos donde permanece normalmente, no es necesario tomar ninguna medida. En caso contrario, habrá que considerar seriamente la posibilidad de mover la cama, la butaca, etc., colocándolas en el centro de las zonas neutras.

Conviene realizar la prueba descrita sólo después de haberse familiarizado lo suficiente con el péndulo, a fin de evitar poner patas arriba la casa por falsas alarmas debidas exclusivamente a falta de experiencia.

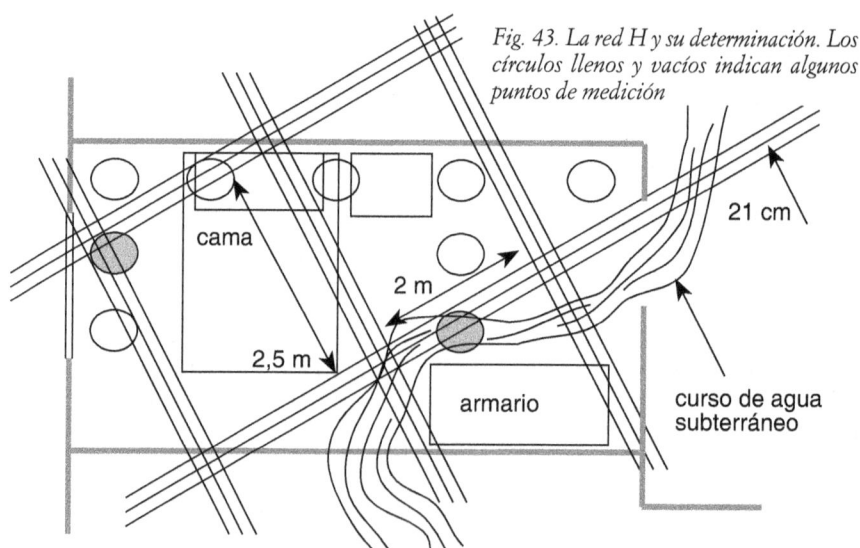

Fig. 43. La red H y su determinación. Los círculos llenos y vacíos indican algunos puntos de medición

cama

2 m

2,5 m

armario

21 cm

curso de agua subterráneo

Si la densidad electromagnética es bastante elevada, es decir, si ha encontrado muchos puntos activos (por la presencia de un curso de agua o de fuentes de contaminación electromagnética), podría ser conveniente trasladar el dormitorio a otra habitación.

En cualquier caso, no hay que alarmarse: antes de cambiar la decoración, conviene saber que existen comercios especializados en donde se pueden adquirir diversos tipos de neutralizadores.

También la pirámide tiene la propiedad de contrarrestar las influencias magnéticas en un área de varios metros cuadrados.

Así pues, se puede hacer la prueba y colocar una, correctamente orientada según los polos, en el centro de la zona malsana, y repetir sus pruebas transcurridos varios días.

La red H y los lugares sagrados

La geobióloga suiza Blanche Merz ha realizado una serie de interesantes exploraciones sobre el comportamiento de la red H en las proximidades de edificios sagrados de la Antigüedad. Ha descubierto así que, en los lugares donde surgen estas construcciones, se observan deformaciones de la red tal vez provocadas para crear espacios energéticos privilegiados.

Por ejemplo, en el caso de los monumentos egipcios, como la pirámide de Keops y la escalonada de Saqqara, la red H forma una especie de «valla», formada por dieciocho líneas de fuerza, que rodea todo su perímetro.

Un visitante apenas sensible advierte una especie de obstáculo invisible en el momento en que se dispone a superar esta barrera. Si quiere darle la vuelta al monumento siguiendo estas líneas, siente que sus pies resultan cada vez más pesados, como si estuviesen pegados al suelo.

Por otra parte, parece que dentro de estos edificios las líneas H están ausentes, como si se hubiesen comprimido a lo largo del perímetro precisamente para crear un espacio interno sin perturbaciones. Lógicamente, en el caso de las pirámides se trata sólo de una hipótesis, ya que, al ser macizas, es difícil realizar con precisión todas las mediciones. Para otros templos, en cambio, los tests geobiológicos confirman la hipótesis.

Las mismas consideraciones son válidas para diversos lugares sagrados y templos repartidos por todo el mundo (por ejemplo los de la India y el Tíbet, dólmenes y menhires, así como las grandes catedrales europeas). Además, aparecen a menudo manantiales subterráneos sabiamente aprovechados o incluso desviados por los arquitectos para crear el «espacio energético» deseado. Presumiblemente el resultado final, la excepcional energía del lugar, se debe a dos efectos distintos: la elección inicial de una posición privilegiada desde el punto de vista telúrico y las características de construcción del edificio, que configuraron de nuevo las líneas de fuerza.

Reproducimos, a título de ejemplo, un plano de la catedral de Chartres, en Francia, para ver algunas de sus particularidades geobiológicas.

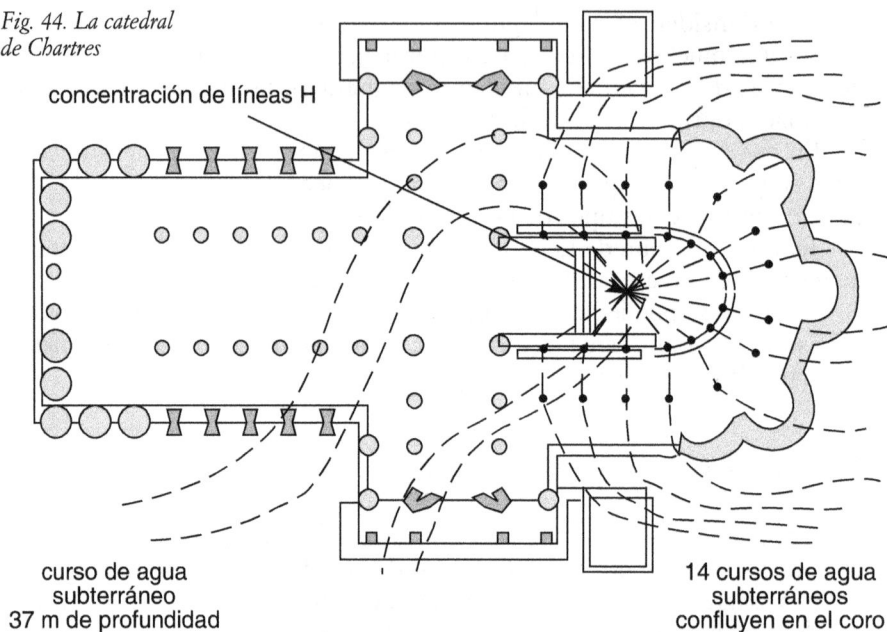

Fig. 44. La catedral de Chartres

concentración de líneas H

curso de agua
subterráneo
37 m de profundidad

14 cursos de agua
subterráneos
confluyen en el coro

Podemos efectuar nuestras exploraciones personales cuando, durante una excursión o un viaje, visitemos un antiguo santuario o cualquier otro lugar sagrado. Es aconsejable escoger los más apartados, porque la presencia habitual de público tiende a confundir las emanaciones energéticas. Lógicamente, no podremos dar vueltas con el péndulo para dibujar un mapa completo, pero algunas observaciones generales serán suficientes.

FICHA EXPERIMENTAL N.º 21

EL EXAMEN DE LOS LUGARES SAGRADOS

1. Ante todo habrá que buscar posibles cursos de agua subterráneos: en general se descubre uno, y con mayor frecuencia dos que se unen precisamente bajo el coro de la iglesia. Habrá que observar los muros, que podrían presentar musgo y manchas de humedad. El agua asciende por capilaridad, y origina un olor característico y fácil de distinguir.

2. También las plantas que rodean el santuario tendrán los troncos cubiertos de líquenes y musgo, indicando la dirección del curso de agua.

La energía astral

Concluiremos este capítulo con una mención de otro tipo de energía vibracional, que siempre se ha relacionado con la vida del ser humano: el de las constelaciones y los planetas, estudiado por la astrología.

A lo largo de milenios, en función de la cultura de la época, esta antiquísima disciplina ha hallado diversas respuestas a la pregunta: ¿de qué forma la posición de los planetas al nacer, o su paso por determinadas posiciones a lo largo de la vida, pueden influir en el carácter, la vitalidad o el bienestar de una persona?

Entre todas estas teorías, citaremos una, porque está directamente relacionada con las consideraciones desarrolladas hasta ahora: la posición de los astros modularía los rayos cósmicos y el campo magnético terrestre que, según los momentos, tendrían influencias diversas en la energía vital. La primera y fundamental influencia se imprimiría en el nacimiento (según otros en la concepción), determinando la configuración energética básica de la persona, por así decirlo, las frecuencias características con las que está en mayor resonancia.

De forma periódica, en los años sucesivos las posiciones de los astros harían que la energía cósmica se hallase de acuerdo o en desacuerdo con las frecuencias propias del individuo, favoreciendo o, al contrario, obstaculizando su absorción de energía. Para confirmar esta teoría se han realizado experimentos consistentes en observar reacciones químicas simples, o bien algunos procesos de formación de cristales en determinados momentos astrológicos. No obstante, aunque los resultados obtenidos son prometedores, nos inclinamos a considerar esta teoría una hipótesis muy interesante y fecunda, pero aún pendiente de demostración. Después de proporcionarle al lector todas las nociones imprescindibles sobre la energía y sus relaciones con el ser humano, volvamos ahora a los experimentos con las pirámides.

FICHA EXPERIMENTAL N.° 21 *(continuación)*

3. Deberemos considerar atentamente nuestras sensaciones e interpretarlas.

Caminaremos lentamente por las partes del santuario donde se supone que corren los ríos subterráneos y trataremos de anotar mentalmente los puntos en los que nos sentimos «revigorizados» y aquellos en los que advertimos una pérdida de vitalidad.

Normalmente, si estamos en presencia de una construcción ideada por expertos geobiólogos anticipados, lograremos identificar una zona protegida, recogida y tranquilizadora dentro de la iglesia, por lo general en las proximidades del coro.

LOS FENÓMENOS QUE AFECTAN AL SER HUMANO

Construir una pirámide

Como hemos visto, las propiedades de las pirámides son múltiples: revitalización de los vegetales, capacidad de transformación del agua y de las materias orgánicas, recarga de pilas, etc. Si a ello añadimos todas las consideraciones relativas a la energía cósmica, el magnetismo y la posibilidad de absorber las vibraciones del ambiente, no resulta difícil imaginar las ventajas que puede obtener el ser humano al constituir él mismo un campo energético.

Más de uno se preguntará si hace falta disponer de una pirámide lo bastante grande para poder acoger una persona en su interior o si basta con utilizar un modelo pequeño. Ciertamente sería muy «energético» poder vivir en una estructura piramidal, al abrigo de todas las fuentes de tensión, si bien no siempre es posible. En Estados Unidos, algunos arquitectos han comenzado a proyectar viviendas de forma piramidal, y, por lo que puede leerse en las revistas especializadas, las personas que tienen la suerte de vivir en estas estructuras están muy satisfechas y su salud es envidiable.

De todos modos, quienes no tienen el privilegio de poseer una casa de este tipo pueden recurrir a algo más accesible: por ejemplo, es posible fabricar una pirámide lo bastante grande para poder acoger a una persona acuclillada con las piernas cruzadas, o sentada en un cojín.

Se puede construir por cuenta propia o encargar su construcción con uno de los materiales aconsejados (madera, cobre, cartón, etc.), escogiendo el que más se adapte a sus gustos y a su decoración.

Es necesario prever la renovación de aire: la energía de la pirámide no sustituye a la respiración y, por tanto, el consumo de oxígeno. Existen dos posibles soluciones: practicar unos orificios en la parte superior o bien dejar cierto espacio entre las paredes y el suelo.

134

Por otra parte, también es posible realizar estructuras cuyas paredes estén apenas esbozadas y cuyos ángulos estén formados por tubos o varillas de madera. Tales modelos son adecuados sobre todo para la meditación, como veremos en el apartado específico (véase pág. 144).

Si, por el contrario, se prefiere que las paredes lleguen casi hasta el suelo, hay que evitar que todas sean completamente opacas, ya que algunas personas no lograrían vencer la impresión de estar «enjauladas», ya que por sus dimensiones, una de estas pirámides raramente llegará a ser tan grande como una habitación.

Si el espacio de que se dispone no permite la instalación de una pirámide como la descrita, no hay que desanimarse: también los modelos de dimensiones reducidas pueden dar buenos resultados. Para ciertos experimentos pueden colgarse del techo y situarse luego debajo, mientras que para otros será suficiente colocarlos en su ambiente de trabajo o descanso.

Por lo que se refiere a las modalidades, medidas y consejos prácticos para la construcción de cualquier pirámide, remitimos al lector al capítulo «Uso práctico y construcción de modelos de pirámide» (pág. 182).

Veamos ahora cuáles son las funciones y los aspectos de la vida que reciben las influencias benéficas de la pirámide.

Fig. 45. Pirámide abierta para la meditación

El sueño

Son muy numerosas las personas que experimentan graves problemas de insomnio o que, a pesar de dormir un número adecuado de horas, despiertan con la molesta sensación de estar más cansadas que cuando se acostaron.

Pues bien, según la experiencia de muchos noctámbulos forzosos la pirámide se ha revelado como una auténtica panacea, más económica y, sobre todo, mucho más saludable que las grandes cantidades de somníferos que solían ingerir.

En estos casos, la acción de la pirámide se desarrolla probablemente en diversos planos: el aire en su interior es más saludable, lo que favorece el descanso y la renovación de la energía, permitiendo una profunda relajación; pero, sobre todo, su capacidad de concentrar energía tiene un auténtico efecto revitalizante. La consecuencia de todo ello es que se duerme mejor y es suficiente un menor número de horas de sueño para despertarse completamente lúcido y descansado. Dado que muy pocas personas pueden no sólo vivir en una casa piramidal, sino incluso crear una estructura lo bastante grande como para poder acoger su cama, aconsejamos un método para utilizar los modelos pequeños que se han utilizado anteriormente.

FICHA EXPERIMENTAL N.º 22

EL SUEÑO

1. Construiremos varios modelos de pirámide utilizando cartulina de diferentes colores. Recomendamos el rojo, el azul marino y el verde, aunque su elección deberá basarse sobre todo en sus preferencias personales. En este experimento no tienen importancia las dimensiones: todas las pirámides pueden ser iguales, de 10 cm de altura.

2. Colocaremos la primera pirámide debajo de la cama, a la altura del plexo solar, orientada como de costumbre en dirección norte-sur. Anotaremos nuestras impresiones durante unos días, con referencia tanto a la calidad del sueño como a la condición energética experimentada durante la jornada.

3. Sustituiremos la pirámide por otra de distinto color y proseguiremos con las anotaciones. Continuaremos así hasta haberlas probado todas.

4. Repetiremos el experimento con la primera pirámide, aunque esta vez la colocaremos un poco más abajo, más o menos a la altura del hueso sacro. Al cabo de unos días la cambiaremos, a fin de probar todos los colores.

---

5. Cambiaremos nuevamente de punto, subiendo esta vez a la altura del corazón; después de efectuar todas las pruebas, efectuaremos el último desplazamiento, llevando el modelo a la zona de la cabeza.

6. Si durante estas pruebas, advirtiésemos sensaciones negativas (por ejemplo, hiperactividad debido a un excesivo aumento de energía o, por el contrario, relajación excesiva que puede degenerar en «letargo»), pararemos y pasaremos de inmediato a la prueba siguiente. Si sufrimos debilidad o dolores en algún punto del cuerpo, en lugar de seguir el orden aconsejado, repetiremos el proceso. El criterio que debe seguirse es simplemente el de regular el flujo de energía corporal que debe restablecerse durante el reposo.

7. Al final del ciclo, al releer los apuntes, podremos establecer cuál ha sido el color más beneficioso y qué puntos han reaccionado de forma particularmente positiva. Entonces podremos decidir si continuamos o si suspendemos el tratamiento para recurrir sólo a ese color cuando nos sintamos excesivamente cansados.

Tal vez este efecto no parezca demasiado objetivo y se deba más bien a la autosugestión. Por ello, sugerimos otro experimento que podrá servir de confirmación adicional, y que consiste en esconder la pirámide bajo la cama de un familiar sin que se dé cuenta. Si esto no fuese posible, existe otro método, que debería resultar igual de convincente. En la ficha siguiente se detallan todos los pormenores.

FICHA EXPERIMENTAL N.° 23

LA PRUEBA DE LA BUTACA

1. Escogeremos la butaca o el sofá debajo de los cuales colocaremos una pequeña pirámide. Es importante que se trate del asiento más utilizado para reunir una buena cantidad de datos.

2. Construiremos una pequeña pirámide que pueda colocarse cómodamente bajo el mueble escogido, justo donde todos suelen sentarse. Es conveniente que, a ser posible, se pinte completamente de color rojo para que los resultados sean más inmediatos. Después de colocarla, sólo habrá que esperar.

3. A partir de ese momento, cada vez que alguien se siente en esa butaca, deberemos observar con antelación, y de la manera más discreta posible, sus reacciones.

Es muy posible que una persona cansada que se haya dejado caer pesadamente se levante al poco tiempo con renovadas fuerzas y un ánimo envidiable.

Aunque sólo se relaciona indirectamente con los efectos en el sueño, volveremos a tratar el tema de la pureza del aire dentro de la pirámide (véase pág. 96), ya que constituye una característica muy importante de la habitabilidad de estos ambientes. Como es lógico, nos referimos a estructuras lo bastante grandes como para que puedan acoger con plena comodidad a una persona, de forma que esta respire el aire que ha estado bajo la influencia de la pirámide.

Probablemente, la impresión de pureza y el efecto revitalizante que deriva de ella se deben sobre todo a procesos electrostáticos: los materiales con que están construidas las pirámides de este tipo, como el plástico o el plexiglás, suelen ser buenos aislantes. Por ello, tienden a cargarse de electricidad por frotamiento, con la persona que se sitúa en su interior y con las pequeñas corrientes de aire que se generan a causa de las diferencias de temperatura: el propio cuerpo del ocupante calienta el aire más próximo, que fluye hacia arriba por las paredes. Nada distinto de lo que ocurre normalmente en los días secos, cuando es posible recibir pequeñas descargas al tocar objetos metálicos: nuestro cuerpo se ha cargado de electricidad y se descarga de golpe procurándonos esa característica y molesta sensación.

Dentro de la pirámide el resultado es distinto: la electricidad estática acumulada ionizará el aire y modificará la estructura de las moléculas de oxígeno, como sucede en la montaña.

Dado que una atmósfera rica en iones (en particular negativos) provoca una repentina sensación de bienestar y lucidez, como ha podido demostrarse tras numerosos experimentos, se explica por qué dentro de las pirámides es común la impresión de que el aire es particularmente saludable y puro.

La salud

También se han señalado numerosos efectos benéficos para la salud. Está comprobado que una larga y habitual permanencia en recintos piramidales hace a las personas más activas y enérgicas desde el punto de vista físico, y más serenas y positivas desde el psíquico.

Se ha observado asimismo una mayor resistencia frente a las enfermedades: personas propensas a contraer gripes, resfriados, etc., tras el traslado a una vivienda en forma de pirámide han pasado indemnes los meses más fríos del año.

Por alguna causa desconocida, las defensas naturales del organismo frente a virus y bacterias resultan potenciadas, por lo que la persona enferma con menor frecuencia. Además, se ha observado que las heridas tienden a cicatrizar con mucha mayor rapidez, y que las cicatrices resultan mucho menos visibles de lo normal.

Los experimentos que propondremos en este capítulo no serán, lógicamente, de esta índole. Nuestras pruebas serán más modestas y utilizarán, una vez más, la sustancia básica de la vida: el agua. Los experimentos efectuados con las plantas deberían haber demostrado ya ampliamente las propiedades revitalizantes del agua cargada de energía por la pirámide; no obstante, en el caso del ser humano, es oportuno un tratamiento más profundo.

El universo es un *continuum* de energía que abarca desde las galaxias más remotas hasta nuestro planeta. Esta energía está en perpetua vibración. De hecho, cualquier objeto está caracterizado por su longitud de onda específica. Cuerpos complejos, como el humano, podrán vibrar según modalidades distintas, expresando mayor o menor armonía.

En este panorama, el agua tiene la importante función de recordar y retransmitir prácticamente cualquier tipo de vibración. Por ello, si se logra cargarla con la frecuencia particular que necesita un organismo, esta podrá, una vez ingerida, restablecer una correcta vibración y, por tanto, restituir la salud. El agua puede cargarse de energías de muchas formas distintas. La más llamativa es un contacto con lo divino: de esta forma se explican los poderes taumatúrgicos de las aguas marianas, como, por ejemplo, la célebre agua de Lourdes.

Otro sistema consiste en poner una copa en el centro de un círculo de personas, recogidas en meditación, en determinados momentos astrológicos que dependen sobre todo de la Luna y del Sol (plenilunio en el signo de Piscis, solsticio de invierno, Sol en Tauro, etc.). En estos casos, el agua se carga de la vibración característica del momento cósmico y se vuelve adecuada para aliviar las molestias de determinadas enfermedades.

Una tercera forma consiste precisamente en utilizar la pirámide.

Antes de pasar a los experimentos, hay que tener en cuenta que el agua, una vez cargada de energía, tiene la capacidad de transmitir sus propiedades: basta con añadir pequeñas dosis de agua tratada a la del grifo para que se multiplique su acción energética.

FICHA EXPERIMENTAL N.° 24

LA IONIZACIÓN DEL AGUA

1. Tomaremos un recipiente de cristal que tenga una capacidad de un litro y que quepa en la pirámide. Su forma debe ser tal, que el punto mediano se halle más o menos a un tercio de la altura de la pirámide.

2. Lo llenaremos con agua del grifo, lo colocaremos en la pirámide y lo dejaremos allí durante veinticuatro horas. Después lo taparemos, le aplicaremos una etiqueta con la fecha y la duración exacta de la exposición y lo guardaremos en la nevera.

3. Conviene utilizar esta agua para todos los usos personales. Anotaremos cuidadosamente sus observaciones. Cuando comience a escasear, puede diluirse con agua normal o proceder a una nueva «recarga».

4. Al cabo de unos días notaremos una cierta mejora.

5. La utilizaremos para dar de beber a los animales domésticos: observaremos sensibles mejoras en su aspecto, en el brillo del pelo, en la vitalidad, etc.

6. Puede utilizarse también para cocinar y preparar té y café. Gracias a ella, el sabor será mucho más intenso.

7. Por otra parte, también da muy buenos resultados a la hora de lavar cortes y heridas, ya que favorece el proceso de curación.

Después de este experimento se puede pasar a otro de carácter más esotérico que permite entrar en contacto con los niveles más profundos del yo. En esta fase adquiere una importancia especial la capacidad de meditación y concentración, que participará activamente en el proceso de carga del agua.

EL AGUA ZODIACAL

1. Escogeremos un día en el que la Luna se halle en su signo de nacimiento y esté en fase creciente.

2. Buscaremos un lugar tranquilo, donde nadie pueda ir a molestarnos durante todo el experimento.

3. Antes de comenzar, nos lavaremos abundantemente las manos, las muñecas y los antebrazos en agua fría. Mientras realizamos esta operación comenzaremos a concentrarnos en el agua. Observaremos cómo corre, admiraremos su pureza, la vitalidad que muestra al formar ondas, chorros y remolinos. Nos fijaremos en su extrema ductilidad, que le permite infiltrarse en todas partes y adaptarse a todo.

4. Llenaremos de agua un recipiente, que puede ser el del experimento anterior, y lo apoyaremos en el suelo. Colocaremos la pirámide sobre el recipiente y nos aseguraremos de que está orientado en la dirección norte-sur.

5. Nos sentaremos en el suelo y miraremos hacia el este (podemos utilizar una alfombrilla o un cojín, a fin de estar lo más cómodos posible), cruzando las piernas debajo del cuerpo. Si lo logramos sin esfuerzo excesivo, adoptaremos la postura del loto.

6. A continuación, cerraremos los ojos y respiraremos profundamente. Nos concentraremos en la luna llena. Imaginaremos cómo su luz se extiende desde el disco que está en lo alto del cielo hasta llenar todo el universo. Notaremos esa luz a nuestro alrededor, bañando nuestra piel como si fuera agua luminosa. La percibiremos como una amiga cálida, protectora y en profunda consonancia con nuestro signo zodiacal y, por consiguiente, con nuestra manera de ser.

7. Nos concentraremos en la meditación durante unos instantes, tratando de abandonarnos todo lo que podamos y nos dejaremos mecer como un feto en el vientre de la madre.

8. Procederemos ahora, muy despacio, a condensar mentalmente este fluido luminoso, haciendo que fluya desde los bordes de nuestro campo visual imaginario hacia el centro, donde se halla la pirámide. Formaremos una especie de embudo dirigido hacia el vértice, imaginando que el recipiente se va llenando poco a poco con el agua primordial que circulaba por todo el universo.

9. Respiraremos profundamente dos o tres veces, nos estiraremos lentamente y abriremos los ojos. A continuación, guardaremos el agua.

10. A partir del día siguiente, siempre a la misma hora en que se ha efectuado la carga de energía, nos retiraremos durante unos instantes y beberemos un vaso de agua después de concentrarnos brevemente en lo que estamos haciendo. El pensamiento dominante, que puede expresarse en voz baja, será: «Yo entro en armonía conmigo mismo».

11. Repetiremos esta operación durante nueve días consecutivos, teniendo en cuenta que el agua debe consumirse por completo en este periodo. El resultado será una nueva paz interior, que nos dará una energía y una seguridad renovadas, tanto desde el punto de vista físico como mental.

No podríamos finalizar este apartado, dedicado a la salud y al uso del agua, sin analizar, al menos a grandes rasgos, el concepto de homeopatía, que tiene notables semejanzas con lo expuesto hasta ahora.

FICHA DE AMPLIACIÓN N.º 8

LA HOMEOPATÍA

El fundador oficial de la homeopatía fue S. Hahnemann, que vivió entre los siglos XVIII y XIX. La inspiración de su nuevo método le vino de una enfermedad profesional típica de los trabajadores de las plantaciones de quina, los cuales sufrían violentos ataques de fiebre, idénticos a los provocados por la malaria. Sin embargo, no se trataba de esta enfermedad, pues desaparecía sin dejar rastro cuando se hacía reposar a los trabajadores durante unos días lejos de la plantación. Lo que llamó la atención de Hahnemann fue la semejanza entre los síntomas provocados en los trabajadores sanos que manipulaban la quina y los de la malaria, que, precisamente, se trata con el extracto de quina.

Esta coincidencia le llevó a formular una de las proposiciones fundamentales de la homeopatía: cualquier sustancia macerada y muy diluida proporciona un principio activo, que llamó *espíritu*.

Este principio, administrado a una persona sana, produce los mismos síntomas que es capaz de curar en una enferma. A fin de confirmar esta hipótesis, definió un procedimiento estándar de preparación:

— la sustancia en cuestión debe ponerse en maceración o triturarla;
— se diluye en agua o en agua y alcohol una parte de la sustancia por cada noventa y nueve de disolvente *(dilución centesimal)*;
— se agita cien veces la solución *(dinamización)*;
— se toma una parte de la solución obtenida, se diluye añadiendo noventa y nueve partes de disolvente y se agita; se obtiene así la segunda solución centesimal;
— se procede de la misma forma para obtener sucesivas diluciones.

Descubrió que cada sustancia, más allá de las variaciones debidas a factores subjetivos, provocaba un núcleo fijo de síntomas, entre los que aparecían algunos patológicos (cefalea, fiebre, etc.) y otros inocuos o relacionados con el ámbito del comportamiento (súbito amor por determinados alimentos, extravagancias de carácter, etc.). Este cuadro sintomático servía para definir la sustancia en la dilución considerada, y se bautizó con el nombre de *materia médica* de la sustancia. Sin embargo, todo ello hace referencia a las personas sanas. ¿Qué ocurre con las enfermas? La respuesta está en que un fármaco homeopático determinado puede curar una enfermedad caracterizada por el mismo cuadro de síntomas que provoca en una persona sana. Según esta concepción, la enfermedad no aparece como un síntoma bien determinado de un órgano preciso, sino como un estado global, formado por trastornos físicos y también por problemas psíquicos, indisolublemente asociados.

Una ley fundamental, y aparentemente paradójica, de la homeopatía es la siguiente: la potencia de un fármaco aumenta con el incremento de la dilución. En la práctica, se llega a soluciones tan diluidas que apenas contienen ya restos de la sustancia original.

Este es, pues, el punto de contacto entre la homeopatía y los temas anteriormente tratados: si en el remedio homeopático ya no está la sustancia «madre», ¿qué queda? El disolvente sólo, es decir, el agua, pero después de haber absorbido las propiedades terapéuticas, no desde el punto de vista químico, sino desde el de la vibración energética, tal como sucede con el agua cargada de energía en la pirámide.

La meditación y la relajación

Ya hemos hecho referencia a la posibilidad de combinar el uso de la pirámide con las técnicas de meditación y relajación.

Muchas personas que practican habitualmente la meditación confirman haber obtenido resultados mejores dentro de una pirámide. Es más fácil relajarse, concentrarse y desprenderse de todas las preocupaciones cotidianas que suelen impedir una meditación correcta y profunda.

No es raro experimentar además una renovada carga de energía, que puede ser acompañada por la aparición en la conciencia de recuerdos lejanos, visiones e ideas nuevas. Por ello, si se está habituado a estas prácticas, debería hacer la prueba de efectuar sus ejercicios dentro de la pirámide, en cuyo caso comprobará un inesperado y rápido progreso de sus capacidades. Desde el punto de vista práctico, sería oportuno disponer de una pirámide lo bastante amplia para caber en ella con comodidad y que ofrezca además la posibilidad de moverse dentro para cambiar de postura.

La primera postura que debe probarse consiste en situarse con la espalda recta, los chakras alineados con el vértice de la pirámide, de los cuales los superiores quedarán a un tercio de la altura, y el rostro hacia el este. De esta forma se ayuda a la energía a confluir en el «cuerpo sutil».

Con el tiempo, podemos situarnos más arriba o más abajo, colocarnos en diversas direcciones y desplazarnos respecto al eje vertical. De esta forma podemos aprender a regular el flujo que nos «cargará» de la forma más conveniente para nuestras necesidades. Si alguna posición resulta incómoda, o simplemente no es demasiado beneficiosa, no insistiremos y volveremos a la postura que se había mostrado más provechosa. Si estamos demasiado cargados de energía y advertimos alguna molestia, como por ejemplo migrañas, probablemente habremos permanecido demasiado tiempo en la pirámide. Interrumpiremos el experimento, nos lavaremos las muñecas y las sienes con agua fría y nos tenderemos durante unos instantes. Reanudaremos los ejercicios al día siguiente, reduciendo el tiempo.

Si no podemos utilizar una pirámide lo bastante grande, podemos recurrir a un modelo a escala que colgaremos del techo con un gancho. Imaginaremos que sus caras se prolongan hacia el suelo, nos colocaremos para que los chakras queden a la altura deseada, dentro de una pirámide imaginaria (y que, en realidad, es una forma energética). A ser posible, el hilo utilizado para sostener la pirámide debería ser regulable para probar distintas alturas.

Procuraremos que, a lo largo de las sesiones, el modelo no oscile demasiado a causa de las corrientes de aire o de otros factores perturbadores. Para evitarlo, podrían sujetarse las aristas a las paredes con sedal.

Otra posibilidad consiste en utilizar un sombrero en forma de pirámide, aunque no todos los experimentadores están de acuerdo sobre la utilidad efectiva de este sistema. Para quienes no conozcan las técnicas particulares de relajación, meditación y concentración, indicamos cuatro ejercicios progresivos que ayudarán a disipar el estrés y a controlar mejor las energías.

144

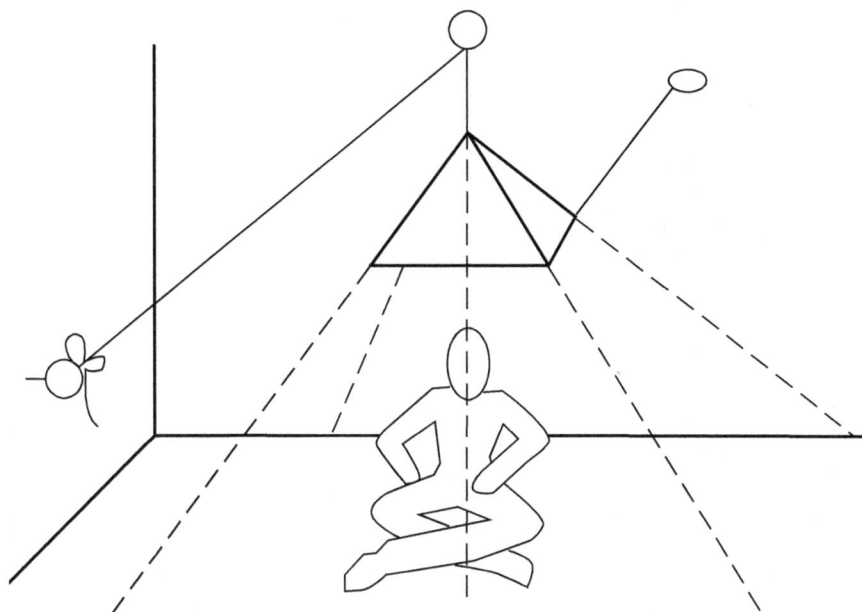

Fig. 46. *La pirámide colgada*

LA MEDITACIÓN DE LA TIERRA

1. Nos colocaremos sentados bajo la pirámide y para evitar distracciones, nos acomodaremos de la mejor manera que podamos. Si es necesario, utilizaremos una alfombrita o un cojín que no sea excesivamente blando.

2. Cerraremos los ojos y respiraremos a fondo al menos tres veces. Inspiraremos por las fosas nasales, retendremos el aire en los pulmones durante unos instantes y a continuación espiraremos por la boca. Después, esperaremos un momento antes de inspirar de nuevo sin contener la respiración o reducir el ritmo. No conviene exigirse demasiado: sólo haremos lo que podamos. Con el tiempo lograremos respirar cada vez más despacio sin fatigarnos.

3. Al llegar a la cuarta respiración, el ritmo se habrá regularizado. A partir de ese momento comenzaremos a relajar los músculos, empezando por los pies y las pantorrillas, como si una fuerza alejase de ellos la tensión cada vez que espiramos. Nos imaginaremos que el estrés, las toxinas y el nerviosismo salen de nuestro cuerpo hacia abajo, como el agua sucia cuando se escurre un trapo. Es como si un masaje progresivo drenase todo nuestro ser.

4. Cuando sintamos que este proceso ha terminado, comenzaremos a trabajar en la sensación de pesadez. Nos concentraremos en las partes del cuerpo que están en contacto con el suelo. Los músculos serán cada vez más pesados, hasta que no podamos levantarlos.

5. Nos imaginaremos el suelo como si fuera un terreno natural. Da igual la forma que adquiera (tierra fértil, arena, roca desnuda, etc.). Nuestra piel lo sentirá. Se trata de una presencia que da seguridad, la imagen misma de la solidez: es también la gran madre a la que todos pertenecemos.

6. Adquirimos la consistencia de la tierra, así como las paredes de la pirámide que nos acoge. Estamos en un capullo seguro e inexpugnable. Fuera pueden desencadenarse vientos y huracanes, pero la roca inmutable se mantiene sin alteraciones.

7. Ahora nuestra energía ha alcanzado la máxima concentración, ha coagulado y se ha recogido en sí misma. Poseemos la base sobre la que construir nuestra existencia y ya no tenemos nada que temer. En este momento lo mejor sería mantenerse durante unos instantes en el más absoluto silencio interior; dado que puede resultar bastante difícil para un principiante, nos limitaremos a disfrutar durante algún tiempo de la sensación de «refugio» que tenemos, desinteresándonos de nuestros pensamientos.

8. Volveremos a concentrarnos lentamente en la respiración, efectuando respiraciones cada vez más profundas, hasta llenar por completo los pulmones. Abriremos los ojos y nos estiraremos.

Cuando hayamos conseguido llevar a cabo este ejercicio con plena seguridad, podremos pasar al siguiente, en el que tomaremos contacto con su fuerza vital.

LA MEDITACIÓN DEL FUEGO

1. Realizaremos el ejercicio anterior hasta el punto 6.

2. Nos concentraremos ahora en el plexo solar: lo sentiremos agradablemente cálido. Es nuestra fuente de energía interna, concentrada en el «fuego» de la pirámide, que arde como una pequeña estrella.

3. Intentaremos extender esta sensación de calor al resto del cuerpo, avanzando hacia fuera. Según nuestra sensibilidad particular, podemos proceder en círculo, como si grandes ondas de energía partiesen del plexo solar para alcanzar las partes periféricas. También podemos imaginar la sangre, cargada de fuerza vital, en su recorrido por las arterias, calentando los tejidos.

4. En cualquier caso debemos llegar hasta las puntas de las manos y los pies, donde advertiremos un agradable hormigueo.

5. Avanzaremos aún más. Nuestras fronteras energéticas son las paredes de las pirámides, independientemente de que sean materiales o imaginarias. El espacio encerrado en ella debe convertirse en un «horno» lleno de nuestro fuego, y ni una sola parte de nuestra fuerza puede perderse si nosotros no queremos.

6. Concluiremos el ejercicio disfrutando durante unos instantes de la agradable sensación de fuerza y vitalidad relacionada con el fuego. A continuación reanudaremos la respiración forzada, abriremos los ojos y nos estiraremos.

El próximo paso consiste en abrir las puertas de comunicación con la energía cósmica, a fin de absorber del universo un renovado impulso vital.

LA MEDITACIÓN DEL AIRE

1. Antes de comenzar, habremos practicado las dos clases de meditación anteriormente descritas, que ya se habrán asimilado a la perfección.

2. Al final, nos concentraremos también en la respiración, aunque sin forzar el ritmo. En este caso intentaremos visualizar la corriente de aire que entra y sale de nuestro cuerpo.

3. Comenzaremos a seguir su recorrido, imaginándola como un fluido de color celeste, puro y muy ligero, cuando entra por sus fosas nasales, penetra en los pulmones y llega a la sangre. Continuaremos siguiendo la corriente mientras alcanza todas sus fibras y las oxigena.

4. Observaremos de qué manera se carga de productos de desecho, perdiendo parte de su brillantez, y sigue su recorrido al revés, hasta salir por la boca y mezclarse con la atmósfera.

5. Ahora se halla dentro de la pirámide, forma un remolino a nuestro alrededor y luego se enrosca como una hélice, proyectándose hacia fuera a través de la cima de la pirámide. Sigue subiendo, atravesando capas cada vez más altas de la atmósfera, purificándose de todos sus residuos, absorbiendo las vibraciones positivas de lo que encuentra a su paso: las blancas nubes y los temporales, la luna y el sol, y luego, poco a poco, los planetas más externos, los confines de nuestra galaxia y las estrellas aún más lejanas.

6. Ahora nuestra respiración se une a la gran respiración cósmica del universo y adopta su inagotable riqueza. Por fin ha llegado a los confines extremos de lo existente y puede volver atrás. Como una gran e invisible red, que se retira de un mar lleno de peces, la respiración vuelve a replegarse sobre nosotros, pasa por el vértice de la pirámide y alcanza la máxima concentración en nuestro fuego, antes de regresar al cuerpo.

7. La seguiremos una vez más a lo largo de nuestras fibras, en su recorrido interno: sentiremos la aportación de energía nueva, fresca y desconocida que proviene de toda la creación.

8. Disfrutaremos durante unos instantes de esta sensación maravillosa: ya no tiene límites, nada es ajeno o indiferente; el universo entero está animado por una energía creadora, idéntica a la que tenemos.

9. El ejercicio acabará de la manera acostumbrada.

Ahora hemos adquirido suficiente conciencia de nuestra energía y podemos disponer de ella a nuestra voluntad. Este es el objetivo del ejercicio siguiente.

FICHA EXPERIMENTAL N.° 29

LA MEDITACIÓN DEL AGUA

1. Comenzaremos por las tres meditaciones anteriores, una tras otra. Al final, en lugar de concluir los ejercicios, intentaremos visualizar simultáneamente en el espacio piramidal el principio material (tierra), la energía (fuego) y la vibración cósmica (aire). Englobaremos las tres formas en un solo fluido, cuyas manifestaciones pueden cambiar continuamente de una a otra. Obtendremos un agua pura, resplandeciente, en cuyos reflejos existen potencialmente todas las criaturas pasadas, presentes y futuras.

2. Nos imaginaremos sumergidos en el agua, en la cual, si lo deseamos, podemos movernos. Después de unos instantes, comenzaremos a ejercer nuestro poder sobre ella: se trata de la porción de energía que hemos logrado dominar, y que está a nuestra disposición. Trataremos de concentrarla en varios puntos de nuestro cuerpo; deberíamos sentir un efecto casi físico, como una afluencia de fuerza y bienestar.

3. Nos esforzaremos luego por concentrarla en diversos puntos de la pirámide, fuera de nuestro cuerpo físico. Imaginaremos que volvemos la mirada hacia una dirección particular, en donde veremos una forma redondeada que se materializa y desmaterializa a nuestra voluntad.

4. Visualizaremos ahora las manos cerca de nuestro regazo, e imaginaremos que forman una especie de bola con el fluido energético que podremos coger con las palmas. Apretaremos un poco esa esfera y sentiremos cómo formamos un todo con ella.

5. Disfrutaremos de esta sensación: por fin hemos reunido nuestras energías dispersas y las dominamos por completo. Cuando queramos, podremos dirigir esa esfera, que representa nuestra propia unidad, hacia donde lo necesitemos, para afrontar y vencer las situaciones más difíciles. Comprobaremos que tiene la resistencia de la tierra, el ímpetu del fuego y la sabiduría del cosmos; no conoce la división ni la contradicción, sino únicamente la plenitud.

6. Concluiremos el ejercicio de la forma acostumbrada.

Cada vez que afrontemos una nueva meditación, necesitaremos algún tiempo para aprender a realizarla perfectamente. Sin embargo, cuando lo hayamos logrado, no necesitaremos más de un cuarto de hora para completar todo el ejercicio. En cualquier caso, no es conveniente prolongar la meditación durante mucho más tiempo.

Los fenómenos paranormales

Por «fenómenos paranormales» se entienden todas aquellas manifestaciones humanas que no son explicables con el uso de la razón, de los cinco sentidos y de fuerzas conocidas por la ciencia. Entre estos recordamos la lectura del pensamiento (telepatía), el conocimiento de hechos lejanos en el espacio (clarividencia) o en el tiempo (precognición, si afectan al futuro, o retrocognición, si se refieren al pasado), la posibilidad de mover o levantar objetos con la fuerza del pensamiento (telequinesia), etc. Todas estas capacidades se hallan en personas que poseen dotes. En el caso de pertenecer a este selecto grupo, se pueden probar dentro de la pirámide, ya que muchos han notado grandes mejoras en el desarrollo de sus cualidades.

La transmisión del pensamiento, por ejemplo, parece desarrollarse con mayor precisión cuando una o dos personas se encuentran dentro de la pirámide. Lo mismo puede decirse de la capacidad de ver acontecimientos desconocidos.

Parece ser incluso que los experimentos de telequinesia dan mejores resultados si hay una pequeña pirámide cerca del experimentador, ya que amplificaría su poder mental.

Con todo, aparte de los pocos afortunados que poseen estas extraordinarias capacidades, ¿es posible que una persona «normal» desarrolle este tipo de fenómenos con la ayuda de la pirámide?

En principio, sí: todos los seres humanos poseen, de una manera más o menos latente, la capacidad de desarrollar fenómenos paranormales, y la pirámide puede ser de utilidad en este sentido. No obstante, quien desee intentarlo debe estar dotado de una buena dosis de paciencia y voluntad.

Dejamos para más adelante una serie de ejercicios preparatorios que aprovechan precisamente las propiedades de la pirámide. Sin embargo, antes debemos realizar algunas consideraciones fundamentales.

El primer requisito para obtener algún resultado es un correcto hábito mental. Sin duda, habremos tenido en alguna ocasión el presentimiento de que una determinada situación ya la habíamos vivido. ¿Cuál ha sido nuestra actitud? Si hemos pensado en una simple coincidencia, sin atribuir importancia alguna al asunto, es muy difícil que, por mucho que nos esforcemos, obtengamos resultados apreciables en el campo de lo paranormal. Si nosotros mismos nos esforzamos por convencernos de que estos casos no tienen ninguna validez, es muy difícil que alguna vez podamos llegar a provocar alguno. Sin embargo, la percepción paranormal se desarrolla lentamente a través de un conjunto de «coincidencias» cada vez más inverosímiles y de sensaciones sutiles, que es preciso aprender a observar y cribar. Si se descartan *a priori* nunca podremos conocer nuestras dotes.

Igualmente perjudicial es la actitud opuesta: si, tras un presentimiento acertado, estamos convencidos de la infalibilidad de nuestras sensaciones, hasta el punto de rechazar todo razonamiento lógico, la decepción no tardará en llegar, y en poco tiempo acabaremos por renunciar. El hábito mental correcto es el crítico, ya que, si bien no excluye la posibilidad de que los fenómenos se manifiesten, se prefiere someter cada caso a un análisis crítico. Lo mejor es anotar todo lo que suceda y mantenerse a la expectativa. Es posible que un sueño oculte una advertencia para el futuro, o que la repetición casual de una cifra en la vida cotidiana pueda tener un significado o que un olvido o un lapsus puedan revelar algo importante, pero tampoco es seguro que deba ser necesariamente así.

La segunda consideración hace referencia a la forma de ejercitarse. Muchas veces se aconsejan ejercicios sumamente directos: por ejemplo, para desarrollar la telepatía, hay que ponerse de acuerdo con un amigo o tratar de adivinar lo que está pensando. Sin querer negar la utilidad de estas pruebas, es mejor realizar experimentos de otra índole. Para aclarar el concepto, pongamos un ejemplo deportivo. La práctica de los fenómenos paranormales se parece un poco a la pesca: se trata de captar los mensajes que afloran, como los peces, desde el profundo mar del inconsciente y que pican el anzuelo de la razón, la única capaz de hacerlos comprensibles. Del mismo modo que en el caso de la pesca no es posible ejercitarse para que piquen los peces, sino que sólo se puede tratar de preparar los mejores cebos, escoger la hora más adecuada, permanecer en silencio para no asustar a la presa y estar dispuesto a enrollar el sedal en el momento oportuno, no es posible atraer las sensaciones paranormales, sino que hay que procurar que afloren y que no se desvanezcan tan rápidamente. Ahora bien, la cultura occidental moderna nos ha habituado a utilizar preferentemente nuestra parte racional, entrenada para «devorar» cada día una gran cantidad de cifras y conceptos abstractos. Por ello, lo primero que deberá intentarse es que guarde silencio, obligándola a dejar espacio a la mitad intuitiva y perceptiva del cerebro, para que puedan aflorar las sensaciones profundas. Por otra parte, la razón debe hacerse lo bastante flexible para aferrar estas impresiones sin disolverlas ni contaminarlas con pensamientos ajenos.

De ello se deduce que los primeros ejercicios para el desarrollo de las facultades paranormales son la relajación, la meditación y la concentración. Por ello, las prácticas expuestas en el apartado anterior son muy importantes desde el punto de vista preparatorio.

La fase sucesiva consiste en hacer que la mente racional aprenda a apartarse: muchas tradiciones esotéricas enseñan a alcanzar el silencio interior, dominando el pensamiento.

Nosotros proponemos un experimento algo distinto, que de todos modos permitirá lograr el mismo resultado.

PREPARACIÓN PARA EXPERIMENTOS PARANORMALES

1. Entraremos en la pirámide, adoptaremos la postura habitual para los ejercicios de meditación, respiraremos profundamente y nos relajaremos.

2. Con los ojos cerrados imaginaremos que nos levantamos, salimos de la pirámide y damos una vuelta completa a nuestro cuarto. Observaremos todos los objetos que podamos, intentando representarlos con el mayor realismo. Tratándose de una habitación conocida, no deberíamos tener demasiadas dificultades.

3. Imaginaremos que volvemos a entrar en la pirámide y recuperamos nuestra posición. Luego terminaremos el ejercicio de la forma acostumbrada.

4. Repetiremos lo que hemos hecho con la imaginación, anotando mentalmente todos los detalles que habíamos olvidado y los errores cometidos.

5. Volveremos a hacer el ejercicio durante unos días hasta que los resultados sean satisfactorios. Después, iremos más allá: saldremos del cuarto y entraremos en las distintas habitaciones, hasta que nos movamos por toda la casa sin complicaciones. Observaremos que al principio las imágenes son bastante vagas, pero después, con paciencia, se irán definiendo. Este efecto se debe no sólo al entrenamiento, sino también a la pirámide, que da mayor viveza a todas las imágenes mentales.

6. El paso siguiente consiste en imaginar que salimos a la calle. En este caso actuaremos de una forma muy diferente. Hasta este momento el trazado de la casa nos ha guiado. Ahora el espacio es mucho más impreciso, por lo que nos limitaremos a mirar lo que nos rodea, moviéndonos al azar. Al principio parecerá poco natural, y tal vez tengamos la impresión de que no puede ocurrir nada interesante, pero en poco tiempo las imágenes comenzarán a formarse espontáneamente y las visiones adquirirán una dimensión onírica, a pesar de permanecer perfectamente despiertos y conscientes. Se habrá producido una especie de escisión entre nuestra mente inconsciente, que proporciona el contenido de las visiones, y la consciente, que las observa sin intervenir.

Después de esta prueba, podremos ejercitar nuestras dotes paranormales. En estas páginas nos limitamos a ofrecer un breve ejemplo[3].

FICHA EXPERIMENTAL N.º 31

LA TELEPATÍA

1. Pediremos a un amigo que se concentre, en un día y una hora previamente concertados, en un objeto durante al menos cinco minutos, dejándole bien claro que no deberá comunicarnos cuál es el objeto escogido, dónde se hallará en ese momento y qué estará haciendo (esta información podría llevarnos, incluso involuntariamente, a hacer deducciones racionales que falsearían los resultados).

2. En el día establecido, un poco antes de la hora convenida, entraremos en la pirámide, nos relajaremos y dejaremos que la mente divague libremente. Como de costumbre nos limitaremos a observar todas las imágenes que aparezcan.

3. Al finalizar el ejercicio, anotaremos o dibujaremos cuanto hemos visto, ya que seguramente ahí se encontrará lo que ha pensado nuestro amigo.

4. La mente intuitiva ya ha llevado a cabo su función; ahora le toca el turno a la razón. Supongamos que nuestro amigo se ha concentrado en una naranja madura: tal vez hayamos visto perfectamente el fruto, aunque también podríamos ver una caja de naranjadas, o el rostro de nuestra abuela que nos traía un vaso de zumo cada mañana. Las percepciones paranormales son expresiones del inconsciente y, como los sueños, suelen manifiestarse a través de símbolos que deben ser interpretados.

5. Por último examinaremos los apuntes con nuestro amigo. Si no lo hemos adivinado, no pasa nada: trataremos de comprender qué elementos simbólicos estaban relacionados con el mensaje. Después de algún tiempo, aprenderemos a conocer los mecanismos expresivos característicos de nuestro inconsciente, y nuestras respuestas se harán cada vez más seguras y precisas.

---

3. Si se desea profundizar en estas cuestiones, puede consultarse *El gran libro práctico de la parapsicología* de Laura Tuan, publicado por Editorial De Vecchi.

Los trastornos psíquicos y neurológicos

Los efectos de los que hemos hablado a propósito de la meditación (sensación de bienestar, facilidad de concentración, relajación, etc.) también se ha demostrado que son muy útiles en el tratamiento de personas que están afectadas por diversos tipos de trastornos mentales.

Por ejemplo, se conocen casos de niños que sufrían un grave retraso que, con la permanencia diaria en la pirámide, han adquirido un mayor dominio de su cuerpo y también han mejorado sus procesos orgánicos. Por ejemplo pacientes afectados por enuresis han disminuido notablemente los episodios.

La pirámide se ha utilizado también como instrumento para la recuperación de toxicómanos, que se han mostrado más resistentes al peligro de recaídas.

Probablemente ello se debe a la adquisición de un mejor equilibrio psicofísico general.

Sin embargo, se trata de casos bastante aislados: aunque a la vez aportan útiles indicaciones para ampliar el tema, son insuficientes para llegar a establecer con seguridad la eficacia de la pirámide en situaciones que son, en realidad, tan delicadas.

Los valores hemáticos

Para concluir este capítulo sobre los fenómenos que afectan al ser humano, citaremos algunas pruebas que han sido realizadas acerca de los valores hemáticos que tienen elementos como el hierro, el zinc, etc., antes y después de experimentar la permanencia en la pirámide[4].

Generalmente se ha detectado que los elementos considerados experimentaban un aumento en la sangre de las personas tratadas, hasta el punto de que los autores citados han llegado a preguntarse: «¿A partir de qué se ha formado el zinc? La respuesta es un misterio ¿Por qué no pensar en un caso de transmutación biológica, derivada de la estimulación de la persona con bajos niveles energéticos por obra de la pirámide?»

En otras palabras, según esta interesante hipótesis que se plantea, la pirámide sería capaz de favorecer la transformación de unos elementos en otros, unas reacciones que, según la física, requieren enormes cantidades de energía.

En la ficha siguiente presentamos algunos datos sobre el tema.

4. Cfr. B. Schul, E. Pettit, *I poteri delle piramidi*, op. cit.

LAS TRANSMUTACIONES DE ENERGÍA DÉBIL

Según la química, todas las sustancias se dividen en dos categorías principales: los elementos y los compuestos. A diferencia de los segundos, los primeros no pueden escindirse en sustancias distintas y más simples: todos los métodos empleados han fracasado siempre.

El agua, la sal y el azúcar son compuestos. El oxígeno, el hidrógeno, el sodio, el cloro y el carbono son elementos.

Para poner una comparación muy simple, podríamos decir que los elementos son como las letras del alfabeto, y que los compuestos son como las palabras.

Las reacciones químicas permiten recombinar los elementos para formar nuevas sustancias, como en los juegos en los que se utilizan las letras de ciertas palabras para formar otras. Sin embargo, no es posible, sin salirnos del ámbito químico, transformar un elemento en otro. El oxígeno será siempre oxígeno y el hidrógeno, hidrógeno. Ello se debe a que las fuerzas que entran en juego son mucho más grandes cuando se trata de modificar la estructura de los elementos, cuyas reacciones deberían alterar la estructura misma de los átomos, lo cual nos llevaría al terreno de la física nuclear.

Según la biología, todas las transformaciones que se producen en los organismos vivos son de tipo químico; una reacción nuclear en este ámbito es impensable para la ciencia oficial. A pesar de ello, en la primera mitad de nuestro siglo, el biólogo francés C.L. Kervran puso de manifiesto una serie de circunstancias naturales en las que un ser vivo, al asumir cierto elemento, aumenta aparentemente su producción de otro.

Un ejemplo clásico entre los recogidos por él es el siguiente: si se somete a una gallina a una dieta sin calcio, a los pocos días comenzará a producir huevos con la cáscara blanda. Si entonces se le administra potasio, sus huevos volverán a ser normales. De alguna forma, en el cuerpo del animal, el potasio se ha transformado en calcio; tratándose de dos elementos, ello resulta inexplicable sin salirnos del ámbito de la química.

Evidente, según Kervran, existen mecanismos que tienen los mismos efectos que las reacciones nucleares, pero que requieren tan poca energía que se producen dentro de un organismo.

Kervran denominó estos mecanismos *transmutaciones de energía débil*.

Uno de los mecanismos propuestos para explicar estas reacciones particulares sería el siguiente: en primer lugar, un enzima modificaría la estructura de las células en las que debe producirse la transmutación (los enzimas constituyen sustancias complejas, presentes en los seres vivos, que tienen la función de incrementar la eficacia de las reacciones químicas). Esta modificación de estructura aumentaría la permeabilidad de la célula respecto a un componente de la radiación cósmica: el de los neutrinos. Estos, que son las partículas más penetrantes conocidas, lograrían entrar en el núcleo de los átomos —de potasio, por ejemplo— y modificarlo a fin de permitir el enlace de un nuevo protón. Con esta incorporación el potasio se transforma en calcio.

Si se admite que la pirámide tiene el poder de concentrar las radiaciones cósmicas, queda explicado el misterio de la aparición de nuevos elementos en la sangre tras la permanencia en su interior. Cuantos más neutrinos bombardeen los átomos de un elemento más eficaces resultarán sus transmutaciones.

Hay que decir que la ciencia oficial muestra un claro, y justificado, escepticismo al respecto: para explicar el aumento de elementos, le resulta más fácil afirmar que el cuerpo podría haber recurrido, si no al metabolismo normal del alimento, a sus «reservas» (hígado, huesos, etcétera).

Con este tema cerramos el panorama de los fenómenos que afectan al hombre. Ahora afrontaremos un grupo de interesantes experimentos, también centrados en el ser humano, pero que trascienden sus características comunes, también conocidas por la ciencia.

Entramos así en el campo de la magia.

LA PIRÁMIDE EN LA MAGIA

En los primeros capítulos hemos partido de la observación de las pirámides como monumentos históricos que todo el mundo puede ver, y las hemos analizado para poner de manifiesto sus propiedades más secretas. Luego hemos reproducido diversos fenómenos cada vez más sorprendentes: desde la simple afiladura de una hoja de afeitar hasta la posibilidad de leer el pensamiento o de actuar en la materia, y de transformarla con la misma fuerza que actúa en los reactores nucleares de enorme potencia.

¿No es magia todo esto? ¿Qué podemos esperar que sea aún más asombroso, hasta el punto de merecer con pleno derecho el apelativo de *mágico*? El tema de las próximas páginas es la síntesis de todos los fenómenos vistos hasta ahora, cuyas posibilidades serán puestas a disposición de quien desee. Precisamente esta es la definición de magia: «un conocimiento operativo de las interacciones entre naturaleza e individuo, completamente realizado en la persona que lo practica».[5]

Aclaraciones preliminares sobre la magia

Nos limitaremos a recordar en estas páginas algunas características de la magia imprescindibles para la comprensión del uso de la pirámide en este campo.

La magia no es sino el intento de la voluntad personal de actuar sobre la realidad. En la visión del mundo propia de esta disciplina, la realidad está formada por un sustrato común y omnipresente de energía, y cualquier persona, si aprende las técnicas oportunas, es capaz de operar directamente,

---

5. Si se desea profundizar más en estas cuestiones, puede consultarse el libro *Rituales de magia blanca*, de Lucia Pavesi, publicado por Editorial De Vecchi.

con su voluntad, sobre ella. De esta forma el deseo puede transformarse directamente en acción física.

Según estas teorías, el pensamiento no es sino energía vibratoria. La persona que aprenda a concentrarlo con suficiente fuerza y a dirigirlo hacia un fin preciso podrá conseguir lo que desea.

Los experimentos propuestos y, sobre todo, las meditaciones aconsejadas se han acercado ya bastante a esta fantástica posibilidad: ahora se trata de transformar unas imágenes mentales (por ejemplo, la esfera de energía visualizada en la meditación del agua) en fuerzas capaces de actuar en el plano físico. En esta obra de concentración de energía el operador puede servirse de algunos apoyos que tienen la función de ayudar a la voluntad, de sostenerla en el sentido literal del término, a fin de que sus fuerzas no flaqueen en mitad del trabajo. Entre las principales técnicas de este tipo destaca el uso del simbolismo, es decir, de signos y gestos que, al estar ligados por su significado a objetos particulares, son capaces, una vez más, de entrar en resonancia con ellos y, por tanto, de influirles.

Sin embargo, en el caso de la magia ello no sucede únicamente en el plano físico, sino sobre todo en el mental. La forma simbólica entra en resonancia con la mente del operador por un lado y con el objeto-blanco por otro, a fin de trasladar a este la energía mental del «mago». Así, concentrándose en el símbolo, este puede imprimirle energía al objeto real correspondiente, hasta el punto de influir en su evolución y comportamiento.

Los simbolismos vinculados a la pirámide

Los simbolismos esenciales vinculados a la pirámide son de dos tipos:

— uno psicológico, relacionado con la idea, de la que ya hemos hablado anteriormente, de la montaña y la caverna;
— otro matemático, según a las proporciones de este cuerpo geométrico.

El primer simbolismo es estático, y puede dar lugar a las acciones de proteger, conservar y ocultar, y por tanto a todas aquellas prácticas dirigidas a la defensa de alguien o de algo. El interior de la pirámide representa la caverna en el corazón de la montaña, protegida por poderosas capas de roca. Además, se asocia con la idea de las grandes pirámides antiguas, que han desafiado los milenios, los vientos del desierto y las incursiones de los saqueadores.

Por su parte, el segundo simbolismo es activo, y se relaciona con acciones como construir, armonizar y propagar.

Para explicar este simbolismo geométrico, consideremos una pirámide que tenga los ángulos iguales a la de Keops.

Supongamos que la base mida dos unidades de longitud. Entonces, la altura de una cara de la pirámide, que se llama *apotema*, es igual a 1,618, un número *irracional*, con infinitos decimales. Este número suele indicarse con

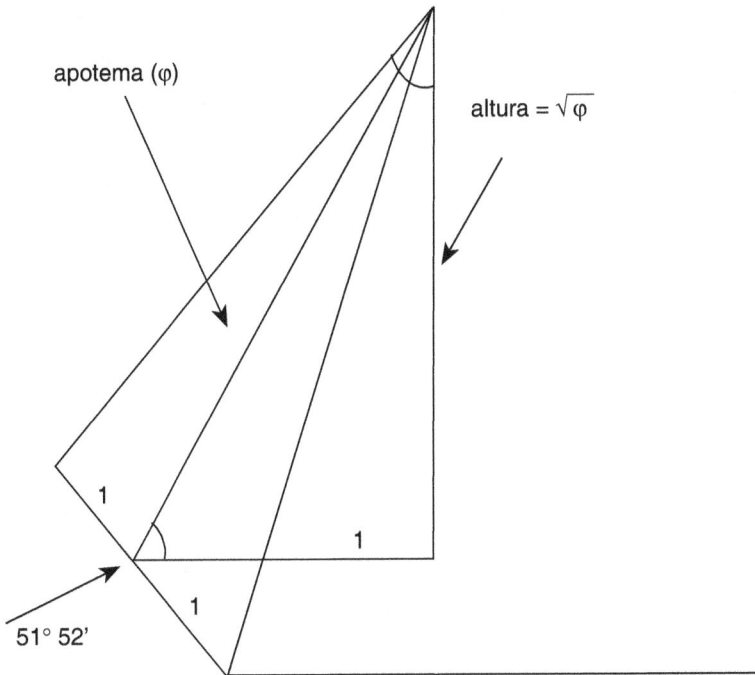

Fig. 47. Geometría de la pirámide de Keops

la letra griega *phi* (φ). La altura de la pirámide, en cambio, es igual a la raíz cuadrada de φ; por el teorema de Pitágoras tenemos:

$$h^2 + 1^2 = 1{,}618^2$$
$$h^2 = 1{,}618^2 - 1^2$$
$$h = 1{,}618^2 - 1^2$$
$$h = 2{,}618 - 1$$
$$h = 1{,}618$$

lo que demuestra que *h* es igual a la raíz cuadrada de   , de donde:

$$\varphi^2 = \varphi^2 + 1$$
$$\varphi^2 = \varphi + 1$$

Esta relación es la misma que se encuentra cuando se determina la sección áurea de un segmento: se calcula la proporción entre las dos partes de un segmento dado, de forma que todo el segmento sea a la primera parte como la primera parte es al resto.

La solución de este problema se encuentra resolviendo la ecuación:

$$x^2 = 1 - x$$

159

El inverso del número así hallado es el número áureo (invitamos a los aficionados a las matemáticas a comprobar los cálculos).

La sección áurea expresa armonía cuando se utiliza en arquitectura. Además, está presente en muchas formas naturales. Sobre ella es posible construir diversas figuras geométricas: triángulos, rectángulos, pentágonos, estrellas, espirales, etc., que tienen en su totalidad notables materializaciones en las formas naturales, desde los vegetales y los animales hasta el ser humano y las galaxias.

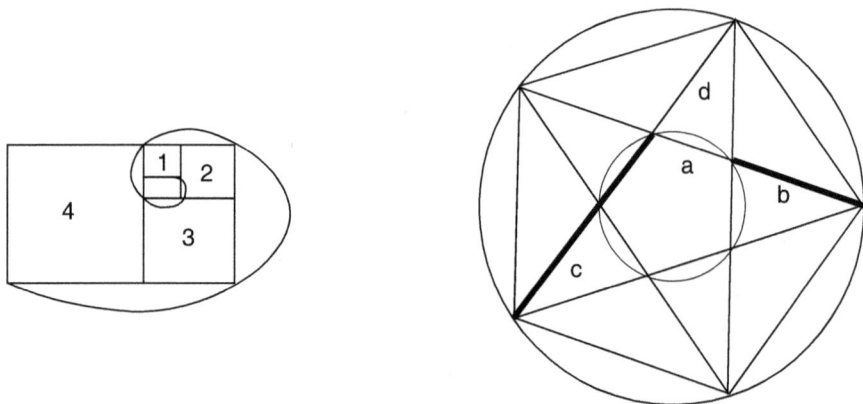

Fig. 48. La espiral áurea se construye partiendo de un rectángulo con lados iguales a 1 y a φ, y añadiendo un cuadrado cada vez en el sentido del crecimiento. El pentágono y la estrella de cinco puntas se relacionan con la sección áurea, porque los triángulos isósceles que se forman tienen los lados seccionados en partes que corresponden a esa proporción, como a y b, d y c

En lugar de aburrir con complejos cálculos y construcciones geométricas, presentaremos algunos dibujos que ilustran lo afirmado.

Estas breves indicaciones, que hemos tratado de simplificar en lo posible, bastan para dar una idea del simbolismo geométrico de la pirámide, que puede sintetizarse con la fórmula: «la pirámide encierra en sí el principio de una armonía que se expande».

Antes de pasar a los experimentos prácticos, cabe precisar que, a través de la operación mágica, el pensamiento se condensa y toma forma, hasta adquirir la capacidad de actuar directamente en el plano físico. Veamos cómo ocurre, describiendo los llamados *pensamientos sensibles*.

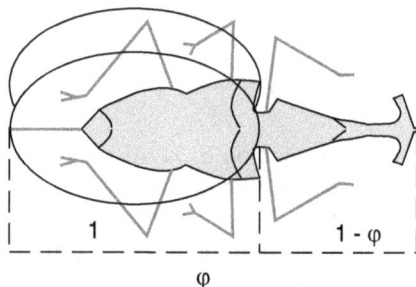

Fig. 49. La estructura de muchos insectos tiene proporciones en relación áurea

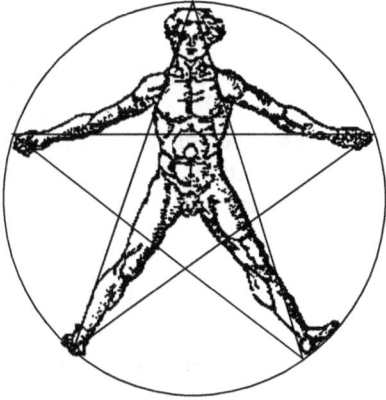

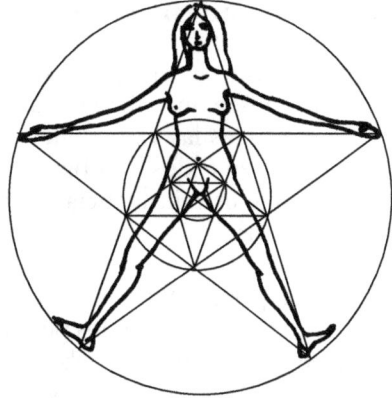

Figs. 50 y 51. Las proporciones del cuerpo humano se inscriben tradicionalmente en el pentáculo

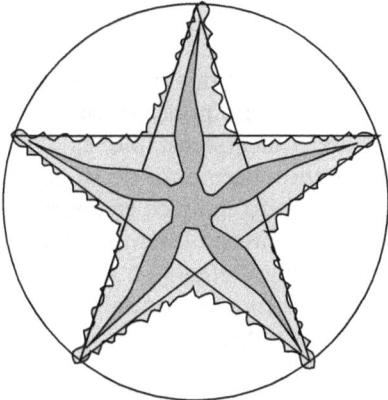

Fig. 52. Estrella de mar

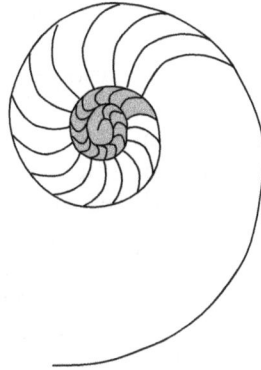

Fig. 53. Numerosas conchas reproducen la forma de la espiral áurea

Fig. 54. Las galaxias de espiral respetan las proporciones áureas

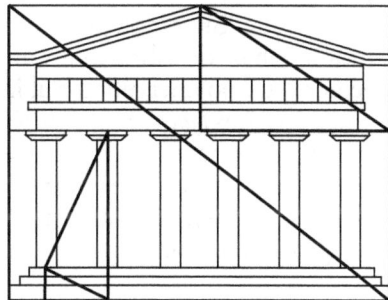

Fig. 55. La sección áurea y sus derivados se utilizan a menudo en arquitectura

Los pensamientos sensibles

El pensamiento es energía y, según las teorías mágicas, es irradiado por la persona y posee una vibración afín a la de su cuerpo sutil.

Como todas las vibraciones, el pensamiento puede ser recibido, y por tanto influir en todos los objetos o personas que se encuentren en su camino. Para que esta influencia sea óptima, el pensamiento debe poseer dos características:

— fuerza, para evitar que sea absorbido antes de alcanzar su objetivo;
— claridad. En general, los pensamientos no son lo bastante precisos: contienen un conjunto de vibraciones diversas, y no una nota pura. En estos casos, su eficacia disminuye.

Según algunas escuelas esotéricas, el pensamiento, cuando está suficientemente condensado, adopta un color y una forma bien definidos, y su resultado puede ser preciso y eficaz; místicos y personas dotadas de capacidades paranormales especiales han afirmado a menudo que podían «ver» los pensamientos.

En caso contrario, se parece a un dibujo en el que ni siquiera el autor está seguro de lo que quiere representar, por lo que no podrá surtir efecto alguno. Además, cuando es muy intenso, puede hacerse estable, es decir, sigue existiendo durante algún tiempo independientemente de su autor. Para comprender este concepto, pensemos en cuando estamos enamorados o gravemente preocupados: aunque conscientemente no estemos concentrados en el objeto de nuestros sentimientos, este aletea a su alrededor, haciendo que se sienta alegre si es positivo y triste en caso contrario. Todas nuestras acciones se ven influidas por él, hasta el punto de que los demás, aunque no digamos nada, adivinan nuestro estado de ánimo.

Según algunos expertos, el pensamiento podría incluso adquirir una vida propia e independiente y dirigirse hacia su objeto.

Así, el amante que piensa intensamente en la persona amada crearía una especie de entidad, que podría alcanzarla y entrar misteriosamente en contacto con ella. Sin embargo, nosotros preferimos ser más prudentes y limitarnos a hablar de vibraciones, más o menos fuertes y claras, que pueden afectar al cuerpo energético o al inconsciente de su «blanco».

Llamaremos *pensamiento sensible* a un pensamiento, sentimiento o intención suficientemente intensos y claros para poder ser definidos por una persona en todos sus detalles: forma, color (no importa si son realistas, simbólicos o abstractos), sonido, consistencia, desarrollo, etc.

Por ejemplo, el amor hacia una persona podría ser representado mediante:

— el rostro o la silueta de dicha persona;
— un corazón, una copa o un anillo, es decir, un símbolo relacionado con ese sentimiento;

162

— la escena del primer encuentro, de la declaración o de otro momento importante de la vida en pareja;

— una figura completamente abstracta, generada por la imaginación, que se extiende sin cortapisas y que define su sentimiento en plena libertad.

Consideraciones similares resultan válidas para los deseos.

El concepto consiste simplemente en asociar una «representación», lo más definida y sensible posible, con el propio contenido mental. Sobre esta representación, una vez concebida, es posible luego trabajar con la concentración y la meditación: se puede recurrir a ella con cierta frecuencia, enriquecerla con detalles y cargarla cada vez de más significado.

Como es lógico, es mejor empezar con formas de pensamiento simples y, sobre todo, concretos, como, por ejemplo, la representación de acontecimientos futuros que deben afrontarse o esperar que se produzcan. Podría tratarse de un examen inminente, una competición deportiva, una entrevista para conseguir un puesto de trabajo, un encuentro con la persona amada en el que se debe declarar, etc. En estos casos, que son muy precisos, el procedimiento más indicado consiste en poner en escena mentalmente el acontecimiento, visualizando los propios comportamientos y el desarrollo de la situación. Si nos parece difícil, pensemos que algunos entrenadores deportivos invitan a sus atletas a hacer lo mismo, como ejercicio preparatorio para las pruebas más importantes.

Hay que tener en cuenta una última consideración fundamental: no sólo los pensamientos positivos y conscientemente organizados por cada persona pueden adquirir una forma y, por tanto, una influencia bien definidas. También los temores y las preocupaciones, la rabia, la desesperación y todos los demás estados de ánimo negativos, si se alimentan constantemente, pueden adquirir una fuerza considerable.

Por lo tanto es importante pensar positivamente, aunque no resulte espontáneo, y combatir los estados de ánimo negativos por medio de la creación de pensamientos sensibles opuestos, que nos ayudarán a reaccionar. En caso contrario, correremos el riesgo de enredarnos en una red, que nosotros mismos habremos construido, de estados de ánimo cada vez peores que, a largo plazo, podrían tener incluso graves consecuencias psicosomáticas, pues nos debilitarían física y psíquicamente.

Los rituales con la pirámide

El ritual para un deseo

En este ritual, la pirámide se utiliza para aumentar la intensidad y definición de un pensamiento sensible simple, vinculado a un deseo concreto y definido. Son válidos los ejemplos dados en el apartado anterior (examen, entrevista de trabajo, competición, encuentro, etc.).

Al realizar el rito, nuestras posibilidades de éxito se incrementan ya que:

— adquirimos seguridad y dirigimos la energía;
— generamos unas vibraciones positivas en el ambiente.

Sin embargo, no debemos olvidar que todo ello no nos exime de esforzarnos. Por ejemplo, si nuestro objetivo es superar un examen escolar, debemos continuar estudiando, ya que aumentarán nuestras facultades de concentración y mejorará nuestra capacidad de exposición, disponiendo a los examinadores a escucharnos con la máxima atención, etc.

Pasemos ahora a la descripción de las operaciones.

FICHA EXPERIMENTAL N.º 32

EL RITUAL PARA UN DESEO: CONSTRUCCIÓN DEL PENSAMIENTO SENSIBLE

1. Entraremos en la pirámide de meditación o escogeremos un lugar resguardado y tranquilo, en donde nadie pueda venir a molestarnos durante todo el ejercicio.

2. Adoptaremos una posición cómoda y nos relajaremos a fondo. Realizaremos algunas espiraciones profundas, hasta que el ritmo esté perfectamente estabilizado y sea lento y regular. Durante unos instantes dejaremos correr libremente nuestros pensamientos; si hemos seguido la serie de ejercicios propuestos en los capítulos anteriores, no nos será difícil llegar a cierto distanciamiento de nuestra actividad mental.

3. Recuperaremos lentamente el control de nuestra mente y comenzaremos a formar la imagen de lo que deseemos. Debemos ver cómo sucede ante nosotros, si se trata de un acontecimiento; si es un objeto, debemos mirarlo como si lo tuviésemos delante, lo cogeremos (o daremos vueltas a su alrededor si es demasiado grande), lo observaremos desde todas las direcciones, sentiremos su consistencia, su olor, su sonido, etc. Trataremos de saborear las sensaciones que experimenta: satisfacción, contento, serenidad, etc., introduciéndose en la situación que se produciría si nuestro deseo se viese cumplido.

4. Ha nacido el pensamiento sensible. Antes de proseguir, deben hacerse dos comprobaciones:

— hagamos que el tiempo corra hacia delante, imaginando las consecuencias de lo que se desea. Muchas veces anhelamos algo que luego puede dar malos resultados; los antiguos decían: «cuando los dioses quieren castigarnos, cumplen nuestros deseos». Si en nuestro subconsciente albergamos alguna duda sobre el efecto positivo de nuestro deseo, es mejor suspender el ejercicio y aclarar las ideas;

— examinaremos nuestra visualización y nos aseguraremos de que esté suficientemente definida. Tal vez no tengamos todos los detalles claros en la mente, aunque el flujo de imágenes debería avanzar con bastante decisión, sin interrupciones, inseguridades ni dudas. En caso contrario, antes de proseguir, repetiremos el ejercicio de creación del pensamiento sensible, hasta que esté suficientemente definido.

Pasemos a la preparación del material y a la «incubación» del deseo[6].

FICHA EXPERIMENTAL N.° 33

EL RITUAL PARA UN DESEO: INCUBACIÓN

1. Escogeremos un color adecuado para nuestro deseo. Algunas asociaciones típicas son:

— verde o rosa para el amor. También puede utilizarse el rojo, aunque su carga energética puede llevar los sentimientos al extremo y hacerlos difíciles de dominar;

— verde o azul para el bienestar y la calma interior;

— amarillo o anaranjado para las operaciones que requieren concentración mental; violeta, índigo o azul oscuro para las que requieren intuición y sensibilidad;

— amarillo, verde o marrón para las operaciones que implican finanzas, inmuebles, bienes materiales, etc.

En cualquier caso, es mejor seguir nuestras propias inclinaciones y dejarnos guiar por nuestra sensibilidad.

6. Para más detalles, puede consultarse *Rituales de magia blanca*, de Lucia Pavesi, ya citado.

2. Tomaremos una vela blanca, otra del color escogido, una hoja de papel del mismo tono, una varita o unos granos de incienso y un pequeño brasero. Sería oportuno, aunque no imprescindible, que también la pirámide utilizada fuese del color escogido.

3. Ahora hay que determinar el momento más oportuno para operar. Conviene comenzar la operación el día en que empieza la fase creciente de la Luna, y en una hora en la que pueda realizarse en los días sucesivos. En el libro ya citado se hallan indicaciones más detalladas sobre los momentos mágicos.

4. Repetiremos la creación del pensamiento sensible. Lógicamente, cada vez que la evoquemos, se presentará más definida y precisa.

5. Una vez terminada esta fase, sin perder la concentración, encenderemos primero la vela blanca, que colocaremos a la izquierda de la superficie de trabajo, luego la de otro color a la derecha y, por último, el incienso en el centro. Escribiremos ahora nuestro deseo en un papel del color escogido. Si el trabajo preliminar se ha efectuado correctamente, debería tratarse de una sola frase, sencilla y clara. Doblaremos tres veces la nota según una de las formas indicadas en la figura 56.

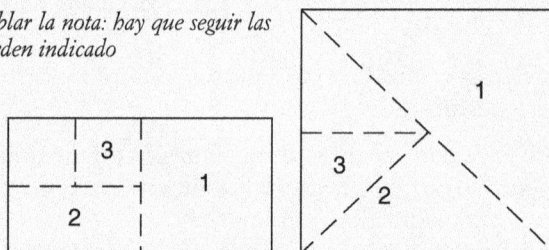

Fig. 56. Dos formas de doblar la nota: hay que seguir las líneas discontinuas en el orden indicado

La colocaremos luego sobre un pequeño pedestal en el centro de la pirámide, de manera que quede a un tercio de su altura, con el lado en dirección norte-sur (si se ha escogido la primera forma de doblarlo), o con la punta en dirección norte (si se ha doblado en forma de triángulo).

6. Colocaremos la pirámide sobre él. Nos detendremos un instante en silencio. Luego apagaremos primero la vela de color y luego la blanca, presionando ligeramente la mecha entre los dedos apenas humedecidos.

La pirámide con la nota debe permanecer en su posición durante unos días (de un mínimo de tres a un máximo de nueve).

La duración exacta depende de nuestra sensibilidad: si en un momento determinado nos damos cuenta de que hemos conseguido el objetivo, podemos proceder a la conclusión del ritual; en caso contrario, proseguiremos hasta el noveno día.

Es muy importante que en este periodo nadie, salvo nosotros, tenga acceso al local en el que está situada la pirámide. Sin embargo, hasta la conclusión, deberemos repetir a diario, a la misma hora en que lo hayamos iniciado, un ritual de refuerzo, tal como se explica en la ficha siguiente.

FICHA EXPERIMENTAL N.º 34

EL RITUAL PARA UN DESEO: REPETICIONES Y CONCLUSIÓN

1. Cada día, a partir del siguiente al inicio del ritual, acudiremos a la habitación de la pirámide, siempre a la misma hora, e iniciaremos la respiración, nos relajaremos y nos concentraremos en nuestro deseo.

2. Encenderemos las velas y el incienso en el orden acostumbrado, y luego procederemos a la creación de un pensamiento sensible.

3. Si durante la operación, a partir del tercer día, tenemos la sensación de que la obra se ha realizado, se puede efectuar el ritual de conclusión. En el caso de que no sea así, habrá que esperar hasta el noveno.

4. Levantaremos la pirámide y la apartaremos a un lado. Cogeremos la nota doblada con ambas manos y la levantaremos. Pronunciaremos en voz alta algunas frases para confirmar nuestra voluntad. Se puede leer, por ejemplo, esta fórmula:

Energía recogida del cosmos infinito, que la pirámide antigua ha transmitido, desde el fuego puro y desde la tierra madre, ve donde debes ir y cumple lo que debe ser cumplido. Yo te mando como a un dócil siervo, no vuelvas sin haber alcanzado el objetivo.

5. Pasaremos la nota por el fuego del incienso, luego la encenderemos para que arda por completo. Apagaremos las velas y tiraremos los restos, junto con la ceniza de la nota en un curso de agua.

El ritual de protección

Cuando se teme que haya posibles influencias negativas, la primera y fundamental precaución, como ya hemos dicho, consiste en pensar positivamente[7]. También es posible recurrir a un ritual preciso para salvaguardar a una persona de las influencias nefastas de las que podría ser víctima. Para su realización es necesario un testimonio de la persona a la que conviene proteger, ya se trate de uno mismo o de un conocido (una fotografía, un breve escrito a mano, un mechón de pelo, una prenda íntima o un objeto personal, etcétera).

Además, habrá que proveerse de una vela del color correspondiente a su signo zodiacal, tal como se indica en la tabla:

♈	Aries	rojo vivo	♎	Libra	rosa
♉	Tauro	verde	♏	Escorpio	ocre
♊	Géminis	amarillo	♐	Sagitario	púrpura
♋	Cáncer	marfil	♑	Capricornio	gris
♌	Leo	anaranjado	♒	Acuario	azul marino
♍	Virgo	marrón	♓	Piscis	azul celeste

Una vela blanca, una negra y el incienso completan el material necesario.

En cuanto al momento más indicado, conviene iniciar el ritual el antepenúltimo día de la luna menguante, a fin de:

— repetir tres veces las partes del ritual dedicadas específicamente a la defensa frente a la negatividad en tres días de cuarto menguante;
— hacer una pausa durante la luna nueva;
— repetir tres veces, con el cuarto creciente, la tercera parte del ritual, dedicada al incremento de la energía personal.

Escogeremos una hora del día en la que podamos actuar tranquilamente y, como de costumbre, un lugar protegido en el que poder dejar el material «mágico». Para favorecer la imaginación, antes de realizar este ritual conviene releer atentamente la parte dedicada a la gran pirámide (véase págs. 37-41). Veamos cómo habrá que proceder el primer día.

---

7. Si se desea profundizar en estas cuestiones, puede consultarse el libro *Rituales de magia blanca*, de Lucia Pavesi, ya citado.

EL RITUAL DE PROTECCIÓN: PRIMERA PARTE

1. Como un gesto simbólico de purificación preliminar, nos lavaremos prolongadamente las manos, las muñecas y los antebrazos con agua fría, que dejaremos correr. De este modo se eliminará todo rastro de negatividad y debilidad que podría disminuir nuestra fuerza de voluntad.

2. A continuación procederemos, como de costumbre, a la fase de relajación, respiración y concentración. Dejaremos que nuestros pensamientos vaguen libremente durante unos instantes, y luego comenzaremos a crear la imagen mental de la pirámide, que se recortará ante nosotros como una montaña de piedra.

3. Entraremos en la pirámide pronunciando mentalmente las palabras: «Ahora entro en la antigua montaña, ¡el corazón del mundo me acoge!». Seguiremos el estrecho corredor descendente, contando hacia atrás, desde el diez hasta el uno.

4. Ahora el camino se ensancha: estamos en la gran galería. Podemos visualizarla flanqueada por las estatuas de los antiguos espíritus, que harán de guardianes, e iluminada por antorchas perennes; pero aquí nuestra imaginación es más importante que cualquier regla o sugerencia. Llegaremos a la cámara de las puertas, que será el baluarte contra las potencias externas, cruzaremos el último pasaje y llegaremos a la cámara del rey.

5. Nos detendremos brevemente, respiraremos a fondo y, manteniéndonos lo más concentrados posible, abriremos los ojos. Encenderemos despacio la vela blanca (a la izquierda), la negra (a la derecha), y la del otro color y el incienso (en el centro).

6. Cogeremos con ambas manos el testimonio de la persona, lo levantaremos por encima del incienso y pronunciaremos en voz alta estas palabras:

> *Pirámide que protegiste el espíritu del faraón, durante los sagrados ritos, antes de que ascendiese al cielo para unirse a sus padres divinos; tú que conservas y proteges, que ocultas y haces duradera la carne que en ti se refugia; tú que alejas la humedad y el orín, el moho y el gorgojo, contra ti nada pueden las injurias de los malvados y las fuerzas malignas.*

Acoge en tu milenario receptáculo este testimonio de... (pronunciaremos el nombre de la persona que deseamos proteger), *y sé a su alrededor coraza inexpugnable; que pueda caminar seguro entre sus enemigos, que cuantos se ensañan contra él sean confundidos, se rompan sus lanzas y su odio se desvanezca.*

7. Colocaremos el testimonio sobre el pedestal, lo cubriremos con la pirámide y la orientaremos.

8. Volveremos a adoptar la postura habitual para la meditación, cerraremos los ojos y la ranudaremos exactamente donde la habíamos interrumpido, en la cámara del rey, frente al sepulcro. Ahora este está lleno, pues contiene una imagen simbólica, que podemos representar como una estatua, de la persona que debe ser protegida, tal como sucedía en los antiguos ritos.

9. Después de unos minutos de recogimiento, nos levantaremos y, caminando hacia atrás, saldremos de la habitación. Solamente cuando lleguemos a la cámara de las puertas, podremos volvernos y deshacer el camino hasta el exterior.

El segundo día repetiremos este ritual, pero de forma más sencilla: al llegar a la cámara del rey, nos encontraremos con el «doble» mental de la persona, por lo que no deberemos efectuar operaciones materiales. Serán suficientes unos instantes de recogimiento, en los que podremos pronunciar una invocación, como por ejemplo:

Reposa seguro, testimonio de... (nombre de la persona), *porque las potencias celestes te sirven de escudo y coraza.*

El tercer día deberemos sellar la pirámide tal como se describe en la siguiente ficha.

EL RITUAL DE PROTECCIÓN: SEGUNDA PARTE

1. Seguiremos el procedimiento habitual hasta el momento en que nos hallemos en la cámara del rey. Ahora, siempre mentalmente, extenderemos las manos hacia la estatua y diremos:

> *Yo te he puesto al abrigo de la furia de los enemigos y sus armas se han despuntado. Una oscuridad ha bajado sobre sus ojos y tú has quedado oculto para sus miradas. Ahora te sello con el sello que no será roto, te cierro con la piedra que no será abierta.*

2. Retrocederemos hasta cruzar el umbral. Haremos que se deslicen las puertas de granito, nos volveremos y bajaremos por la gran galería. A medida que vayamos pasando, las antorchas se apagarán.

3. Al final de la gran galería, nos volveremos una vez más y colocaremos los bloques de granito que obstruyen el paso. Alisaremos su superficie de forma que resulten indistinguibles. Recorreremos el último tramo hasta la puerta principal y saldremos.

4. Cerraremos la entrada con un bloque de granito, nos alejaremos unos metros y nos dirigiremos hacia la pirámide ya cerrada. Pronunciaremos estas palabras:

> *Antiguos espíritus, que fuisteis asignados como guardianes a las pirámides, escuchad y obedeced mis órdenes.*

Visualizaremos el espíritu de la víbora y continuaremos:

> *Tú que llevas la serpiente, sofoca todo sentimiento hostil contra...* (diremos el nombre del protegido).

Visualizaremos el espíritu de piedra negra salpicada de blanco y diremos:

> *Tú, cuya terrible voz mata a quien la oye, apaga toda calumnia y maledicencia contra...* (pronunciaremos el nombre).

Visualizaremos el tercer espíritu de piedra y concluiremos:

> *Y tú, cuya simple visión bastaba para dar la muerte, destruye toda envidia y mirada malévola contra...* (diremos el nombre). *¡Así lo ordeno!*

5. Nos volveremos hacia el desierto y abandonaremos lentamente nuestros pensamientos. Pasados unos minutos, nos estiraremos, apagaremos las velas y el incienso, y dejaremos todo tal cual.

Al día siguiente, con luna nueva, no actuaremos, es más, trataremos de no pensar en absoluto en las operaciones realizadas hasta ahora.

Con el cuarto creciente iniciaremos la tercera parte del rito para aumentar las energías positivas y las defensas de la persona que se debe proteger.

EL RITUAL DE PROTECCIÓN: TERCERA PARTE

1. El primer día del cuarto creciente, realizaremos las operaciones preliminares acostumbradas: purificación con agua fría, encendido de las velas y del incienso, relajación, respiración y meditación.

2. Visualizaremos una pantalla negra que llene todo nuestro campo de visión. Ahora, sobre este fondo, haremos que aparezcan las estrellas, cada vez más vívidas. Al mismo tiempo, en la parte inferior, dibujaremos el horizonte de las dunas y la silueta de la pirámide, que se sitúa ante nosotros y que, simbólicamente, contiene nuestro testimonio.

3. Nos concentraremos en la estrella polar, que permanece inmóvil, mientras todas las demás describen círculos luminosos. Un rayo blanco se desprende de ella y alcanza la pirámide, que se vuelve blanca.

4. Ahora centraremos nuestra atención en la pirámide, difuminando todo lo demás, y pronunciaremos esta invocación:

> *Yo te baño con la luz de las estrellas y hago a tu piedra como el diamante. Que cualquier maldad que te alcance sea devuelta a quien la ha concebido, con la fuerza vibrante de las constelaciones infinitas.*

5. Permaneceremos en recogimiento durante unos instantes más y luego concluiremos el ejercicio como siempre.

6. El segundo día de cuarto creciente, comenzaremos la meditación visualizando las dunas del desierto justo antes del alba. Todo está en penumbra, ante la inminencia del sol.

7. De súbito, justo antes de que este aparezca, surgirá en el cielo un rayo de luz triangular, entre el rosa y el naranja oscuro. Materializaremos este rayo, transformándolo en la pirámide. Ahora sale el sol: imaginaremos el juego de luces y sombras sobre sus caras, hasta que todas ellas resulten resplandecientes.

8. Nuestro campo visual está totalmente ocupado por la pirámide luminosa, de un color naranja vivo. Concentrados en ella, diremos:

> *Sol naciente, que llevas vida a toda la creación, haz incandescente esta pirámide, que protege la vida de...* (pronunciaremos el nombre de la persona)*, a fin de que todo odio, maldad y acción perversa contra ella sean consumidos por tu fuego.*

9. Concluiremos el ejercicio como siempre.

10. El tercer día, tras el inicio, visualizaremos el sol alto en el cielo. Evocaremos su potencia, que puede ser destructiva, como en el desierto, o creativa, como cuando lleva a la maduración las mieses.

11. Nos concentraremos en el disco solar, de un amarillo intenso y vibrante. Lo expandiremos despacio, de forma que ocupe la zona inferior del campo de visión. Nos sumergiremos en un océano de luz caliente y revitalizante. Trataremos de sentirla en la piel, como un baño de sol.

12. Plasmaremos este fluido luminoso de energía pura: lo comprimiremos hacia el centro, hasta darle la forma de la pirámide, que adopta la consistencia del oro macizo.

13. Nos concentraremos en ella diciendo:

> *Sol en la cima del cielo, sol que das la vida y destruyes, para ti los antiguos edificaron las grandes pirámides, te adoraron agradecidos por tus dones y temerosos de tu potencia. Llena con tu luz esta mística imagen, y como ella la refleja a su alrededor, haz que las obras de...* (pronunciaremos el nombre de la persona) *reluzcan a su alrededor; que todos sus enemigos queden confundidos.*

14. Respiraremos y concluiremos la meditación. El ritual propiamente dicho ha concluido. Esperaremos a que las velas y el incienso acaben de consumirse, nos aseguraremos de que todo esté completamente apagado, recogeremos la ceniza y los restos de cera e iremos a tirarlos en un río.

Sólo queda determinar el destino final de la pirámide y el testimonio. Hay dos posibilidades:

— si se dispone de un lugar seguro donde dejar la pirámide, sin que nadie la abra ni toque el testimonio, puede guardarse, orientada correctamente, por tiempo indefinido. Si el material de que está hecha lo permite, puede sellarse de forma que no pueda ser abierta por error;
— si, por el contrario, alguien puede abrirla por curiosidad o incluso tirarla a la basura, conviene destruir el testimonio, realizando el ritual específico después del anterior, antes de apagar las velas y el incienso.

Dicho ritual debe realizarse también si se ha conservado la pirámide con el testimonio en su interior durante algún tiempo y luego se decide vaciarla. En estas circunstancias, que podrían producirse semanas o meses después del ritual, habrá que utilizar las mismas velas y el incienso del rito original y actuar en la misma hora.

FICHA EXPERIMENTAL N.° 38

EL RITUAL DE PROTECCIÓN: DESTRUCCIÓN DEL MATERIAL UTILIZADO

1. Si este ritual se realiza por separado, efectuaremos todas las operaciones preliminares: nos lavaremos con agua fría, respiraremos profundamente, nos relajaremos, nos concentraremos y encenderemos velas e incienso. En caso contrario, proseguiremos después de la última meditación.

2. Levantaremos la pirámide y la dejaremos a un lado. Cogeremos con ambas manos el testimonio y lo levantaremos, diciendo:

Mística imagen de... (pronunciaremos el nombre de la persona), *que has atraído sobre ti todas las negatividades que la afligen, las has consumido con tu potencia y has irradiado luz pura: tu existencia material ha concluido. Yo te ordeno: vuelve a tu mundo de entidad sin carne, de energía sin forma, de vibración sin fin. Continúa protegiendo desde allí la vida y la felicidad de...* (pronunciaremos el nombre de la persona).

3. Ahora quemaremos el testimonio, pasándolo por todas las velas una tras otra, colocaremos sobre la carbonilla encendida, en el brasero del incienso, y comprobaremos que se consume por completo.

4. La pirámide, el pedestal y la base, si la negatividad que padece la persona es muy grave, conviene guardarlos separados.

Comenzaremos por la base y seguiremos el mismo procedimiento adoptado para el testimonio, pronunciando las palabras:

> *Y tú, sólida base en cuyos hombros las fuerzas del cosmos se han apoyado, escabel de las potencias celestes, cambia tu pesada naturaleza y hazte vibración pura. Libérate de todo el mal que has tenido que absorber y continúa siendo en el éter el terreno seguro por el que...* (diremos el nombre de la persona) *caminará sin temor.*

Luego la quemaremos y cogeremos el pedestal, diciendo:

> *Símbolo de las antiguas piedras, que sancionaban la alianza entre las fuerzas del cielo y las estirpes de los hombres, tú que has tendido a las potencias infinitas el místico simulacro de...* (diremos el nombre de la persona)*, conviértete también tú en pura luz y lleva a cabo tu obra.*

Por último, después de quemar el pedestal, levantaremos la pirámide, recitando:

> *Ahora deja también tú el mundo de los hombres, tú que eres la imagen de la gran pirámide mística, y de la sagrada montaña; tú que has recogido, como una copa bendita, las potencias del universo para proteger la vida y la felicidad de...* (diremos el nombre de la persona). *Vuelve a tu reino de energía y luz pura, y continúa desde allí tu obra.*

Luego la quemaremos. Si pensamos que las entidades negativas requieren concluir así el rito, deberán ser de un material combustible.

5. Si, por el contrario, las fuerzas para las cuales hemos realizado el ritual no son demasiado negativas, podremos conservar la base, el pedestal y la pirámide para otras operaciones. Sin embargo, deben purificarse los tres objetos, cogiéndolos con ambas manos de uno en uno, levantándolos y luego pasándolos por el humo del incienso. Para cada uno de los tres repetiremos estas palabras:

> *Libérate de todo el mal que has absorbido, por la potencia de este fuego purificador. Que te abandone toda fuerza malvada, como este humo que el viento dispersa. Vuelve a ser puro y prepárate para servirme siempre que reclame tu ayuda.*

6. Esperaremos a que las velas y el incienso se consuman del todo, recogeremos la ceniza y las sobras de cera y las tiraremos a un río.

La carga de mascotas, talismanes y pentáculos

El ritual para favorecer el cumplimiento de un deseo se aplica a situaciones específicas: el éxito de una entrevista laboral, un examen o un negocio; el buen resultado de una declaración amorosa, etc. En estos casos es fácil construir un pensamiento bien definido.

Pero, ¿qué hacer cuando no se quiere favorecer un episodio o un aspecto aislado de la existencia? Por ejemplo, podría tratarse de una persona sola que aspira a tener una vida afectiva satisfactoria o que desea encontrar su alma gemela; o bien de un parado que quiere encontrar un trabajo o, de forma más general, de alguien que desea mejorar su situación económica, pero no sabe en qué dirección moverse.

En los casos enunciados, la construcción del pensamiento sensible es complicada porque no hay imágenes precisas en las que apoyarse: hay que dar forma a esperanzas y deseos sin cuerpo, obteniendo forzosamente una visualización abstracta. Esta situación es similar a la que observamos en el campo del arte: mientras las emociones se expresan con conceptos concretos (rostros, personas, paisajes, naturalezas muertas, etc.), casi todos logramos comprenderlas. En cambio, cuando los artistas realizan obras abstractas, sólo los verdaderos entendidos suelen captar su mensaje. Del mismo modo, trabajar con pensamientos abstractos resulta casi imposible para un principiante.

Para superar esta dificultad se usa un objeto material, que se cargará de la onda positiva y se asociará con el deseo. Este proporcionará un cuerpo al pensamiento abstracto, que adoptará los contornos, el color, la consistencia, etcétera, de este objeto en particular.

Además, su propietario podrá llevarlo consigo o guardarlo en un lugar seguro, hallando un nuevo apoyo para sus energías mentales.

Existen varios tipos de objetos que pertenecen a esta categoría:

— las mascotas, es decir, objetos de cualquier naturaleza que pueden recibir su fuerza de la tradición (cuernos, herraduras, etc.) o de episodios personales (la moneda hallada en el suelo justo antes de recibir una buena noticia, etc.);
— los talismanes, que consisten en objetos en estado natural, no trabajados por el hombre, como piedras, resinas, huesos de animales, etc.;
— los pentáculos, o sea, dibujos simbólicos, realizados en papel, metal, tela, porcelana, etc.
— los amuletos, es decir, pentáculos preparados y cargados por un experto por cuenta de otra persona.

Dejando de lado estos últimos, los talismanes y las mascotas pueden cargarse con diversos ritos que permiten aumentar su eficacia; para los pentáculos esta operación es fundamental. Veamos cómo usar la pirámide con este fin.

Desde el punto de vista práctico, no hay diferencias entre mascotas y talismanes.

Necesitaremos incienso y cuatro velas, que simbolizan los cuatro elementos (lo cual respeta la naturaleza material del objeto que debe cargarse): una verde que representa la tierra, una amarilla para el aire, una roja asociada con el fuego y una azul para el agua. El rito deberá repetirse durante tres días consecutivos, a la misma hora. Nos aseguraremos de que la Luna esté en fase creciente. Es oportuno, aunque no imprescindible, comenzar cuando se halle en su signo zodiacal.

Veamos las operaciones que deben realizarse.

FICHA EXPERIMENTAL N.° 39

LA CARGA DE MASCOTAS Y TALISMANES

1. Dispondremos el material: la base de la pirámide orientada según los puntos cardinales, con el pedestal en su posición; las velas junto a los cuatro vértices de la base; y el incienso y el objeto que debe cargar un poco más apartados.

2. Iniciaremos el ritual con las acostumbradas operaciones preliminares: respiración, relajación y concentración.

Llegaremos al punto en que los pensamientos vagan libremente y trataremos de «llenarnos» de la sensación que más deseemos. Para ello podemos utilizar frases sencillas, que repetiremos mentalmente, como «soy feliz», «estoy sereno», etc. Debemos evitar formulaciones negativas o demasiado materialistas.

3. Visualizaremos el objeto que debe cargar, sosteniéndolo mentalmente entre las manos, y lo observaremos por todos lados. Luego lo apoyaremos sobre la palma de la mano derecha. Mirando intensamente su imagen, repetiremos la exhortación utilizada en el punto anterior.

4. Después de unos instantes, sin perder la concentración, abriremos los ojos.

5. Encenderemos el incienso y luego las cuatro velas, pronunciando una fórmula distinta para cada una de ellas:

— para la verde: *Tierra, fundamento y solidez de todas las cosas, da estabilidad y firmeza a mi voluntad*;
— para la amarilla: *Aire, que propagas los sonidos y permites que los hombres se comuniquen, haz que mi mente sea abierta y sutil*;

— para la roja: *Fuego, que propagas tu energía a todo lo que tocas, da vitalidad y fuerza a mi espíritu;*

— para la azul: *Agua, que lavas y disuelves toda suciedad, haz generoso y magnánimo mi corazón.*

6. Cogeremos la mascota o el talismán y lo apoyaremos en la palma derecha. Pronunciaremos luego una frase que:

— exprese lo que deseamos;

— nos vincule de alguna forma a la naturaleza o la historia del objeto.

Por ejemplo:

Tú que ya en el pasado me anunciaste acontecimientos favorables, como cuando... (los recordaremos), *cárgate de la energía de los cuatro elementos, aquí representados, que simbolizan el universo entero. Que esta positiva potencia me traiga...* (expresaremos el deseo), *extendiéndose además a las personas que me rodean.*

7. Permaneceremos en silencio unos instantes, con la máxima concentración posible, y luego colocaremos el objeto sobre el pedestal. Recordaremos que, si es oblongo, debe alinearse en dirección norte-sur. Si tiene una punta, debe dirigirse hacia el norte. Cerraremos la pirámide y apagaremos el incienso y las velas.

8. En los dos días siguientes repetiremos las mismas operaciones, moviendo la pirámide antes de comenzar.

9. Al final del ritual del tercer día, la mascota o el talismán estarán listos y podremos utilizarlos, llevándolos con nosotros o guardándolos, en el cajón de la ropa blanca, cerca de la cama, etc.

PENTÁCULOS

Antes de exponer los rituales de carga de los pentáculos, conviene decir unas palabras sobre su preparación. Hemos escogido dos ejemplos, ambos estrechamente relacionados con la simbología de la pirámide.

El primero es particularmente adecuado para todas las situaciones en las que se desea una expansión: nuevos amores, cambio de trabajo, viajes, etc.

El segundo, en cambio, favorece sobre todo la armonía personal y del ambiente circundante, y, por lo tanto, las relaciones familiares e interpersonales, la suerte en general, etc.

El material necesario es el siguiente:

— incienso;
— cinco velas: cuatro correspondientes a los elementos, como en el ritual anterior, más una blanca, que simboliza el «éter», el elemento espiritual. Ello se debe a que el pentáculo es un objeto no sólo material, sino, sobre todo, simbólico;
— una hoja de pergamino y tinta china del color de su signo zodiacal.

El ritual dura siete días y debe efectuarse durante el cuarto creciente, siempre a la misma hora.

FICHA EXPERIMENTAL N.º 40

EL PENTÁCULO DE EXPANSIÓN

1. Colocaremos el material: la base de la pirámide orientada según los puntos cardinales, con el pedestal en su posición; las velas a su alrededor, formando un pentágono con la punta dirigida al norte; el incienso y el objeto que debe cargar, un poco más apartados.

2. Iniciaremos el ritual con la respiración, la relajación y la concentración.
Llegaremos al punto en que los pensamientos vagan libremente y trataremos de «llenarnos» con la sensación deseada. Para ello podemos utilizar frases sencillas, que repetiremos mentalmente, como «soy feliz», «estoy sereno», etc. Hay que evitar formulaciones negativas o demasiado materialistas.

3. Visualizaremos un océano de luz dorada en el que está sumergido. Trataremos de sentir el roce con nuestra piel: el calor es revitalizante como la luz del sol. Fluctuaremos libremente en él durante unos instantes.

4. Comenzaremos a condensar este fluido luminoso, partiendo de los bordes, hasta formar una esfera de energía, más o menos de las dimensiones de las manos, tal como hicimos en la «meditación del agua» (véase la ficha experimental n.º 29).

5. Esta esfera representa la energía cósmica que hemos recogido, que se ha unido a nuestra fuerza vital y que ahora se halla en nuestras manos para cargarla con nuestros deseos mediante estas palabras:

Potencia del cosmos, energía infinita del ser, condensada y recogida en la copa de mi corazón; tú que eres la materia y la armonía de todo lo que existe, vibra al unísono con mi íntimo deseo: ... (diremos lo que deseamos) y desde esta mágica pirámide expándete y obedece mi voluntad real.

6. Haremos rodar la esfera de energía entre las manos y luego la dejaremos: esta continuará girando sobre sí misma, elevándose lentamente y expandiéndose. De forma gradual, la imagen mental debe transformarse en la de una gran galaxia en forma de espiral, como la de la figura 54. Con la imaginación daremos color a la imagen.

7. Respiraremos profundamente y abriremos los ojos. Cogeremos el pergamino y la tinta y comenzaremos el dibujo. Deberemos realizar una parte de él cada día, siguiendo el esquema indicado en la figura 57, de forma que sólo al final del ritual esté completo. Durante estas operaciones, permaneceremos siempre concentrados en lo que deseamos conseguir.

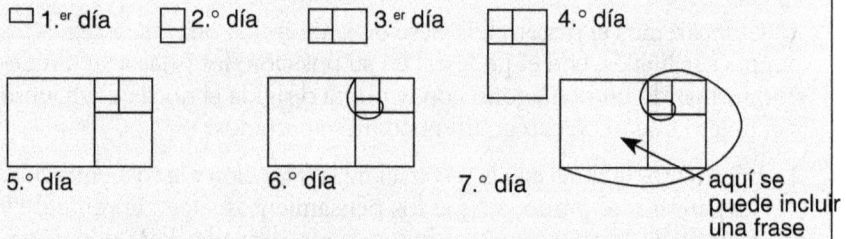

Fig. 57. La sucesión de dibujos, día a día. Al final se puede incluir una frase que exprese un deseo. Los lados del primer rectángulo deberían ser de 1 x 1,618 cm o múltiplos de estos números, con el mayor grado de precisión posible

8. Una vez terminada la parte de dibujo prevista, depositaremos el pergamino sobre el pedestal y lo cubriremos con la pirámide. Nos concentraremos en silencio durante unos minutos, y terminaremos el ejercicio apagando incienso y velas.

9. Durante los días siguientes repetiremos todas las operaciones descritas, añadiendo al dibujo lo prescrito cada vez. El último día, cuando esté completo, lo cogeremos entre las manos, lo levantaremos y luego lo pasaremos por el humo del incienso. No hay ninguna fórmula especial para estos casos: basta con expresar en voz alta nuestros deseos.

10. Ahora el pentáculo está listo: podemos guardarlo en una bolsita de seda y llevarlo con nosotros, guardarlo en un cajón o coserlo a una prenda. Recogeremos todos los restos del material y los tiraremos a un río.

El ritual para la carga del segundo pentáculo es muy similar: sólo cambian las visualizaciones y el dibujo. En la ficha siguiente se consignan sólo esas diferencias.

EL PENTÁCULO DE ESTABILIZACIÓN

1., **2.** y **3.** Véase la ficha anterior.

4. Ahora, comenzaremos a condensar el fluido luminoso, hasta formar una imagen de nosotros mismos en la posición de la figura 50, que debería aparecer completamente relajada.

5. De esta forma hemos representado la armonía del cosmos, que ha penetrado en nuestro interior. Nos concentraremos en las sensaciones de paz, serenidad y autoconfianza. Para ello podemos usar una fórmula de este tipo:

> *Armonía de las esferas celestes, cuya potencia vivificadora pone orden en el caos, tú que continuamente recreas la imagen perfecta del universo, baja dentro de mí, y haz mi equilibrio completo, ¡tanto en el interior como en el exterior!*

6. Revisaremos mentalmente la imagen, tratando de percibir su energía y armonía. A medida que nos vayamos concentrando, intentaremos ponerla en relación con la zona correspondiente del cuerpo.

7. Como en el experimento anterior, haremos una parte de dibujo cada día, siguiendo el esquema reflejado en la figura 58.

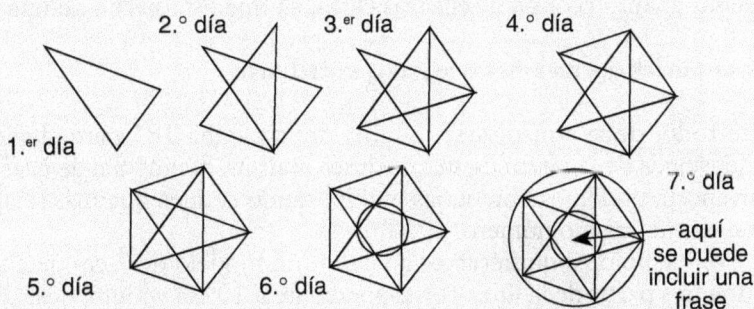

Fig. 58. La sucesión de dibujos, día a día. También en este caso, al final se puede incluir una frase que exprese un deseo y que deberá ocupar la zona central del pentáculo

8., **9.** y **10.** Véase la ficha anterior.

Hemos terminado así la exposición de las extraordinarias propiedades de las pirámides. Sólo nos queda dar algunos datos prácticos sobre la realización de los modelos y esperar que los experimentos den buenos resultados.

USO PRÁCTICO Y CONSTRUCCIÓN DE MODELOS DE PIRÁMIDE

Construcción de un modelo de pirámide mágica

Primer método

Si se desea profundizar en los misterios de la pirámide, tarde o temprano habrá que fabricar pirámides de materiales, colores y dimensiones diversos de acuerdo con las necesidades de los experimentos que se quiera realizar. El primer modelo que describimos, de cartulina o cartón, tiene la ventaja de no precisar apenas cola para sellar las caras, ya que está hecha de una sola pieza.

Estas son las operaciones que hay que efectuar:

1. Ante todo, debe consultarse la tabla de la página 183 para elegir las dimensiones de la pirámide que se desea realizar. Si ninguna de ellas nos convencen, podemos obtenerlas multiplicando la línea que más se aproxime por un mismo número.

   Por ejemplo, si quisiéramos construir un modelo de 7 cm de altura, podríamos partir de la línea correspondiente a 10 cm y multiplicar todos los valores por 0,7, con lo que obtendríamos 10,99 cm para el lado de base y 10,46 cm para el lado oblicuo.

2. A continuación, cogeremos un compás y una hoja de cartulina y dibujaremos un círculo con radio igual al lado oblicuo (en nuestro ejemplo, mide 10,46 cm).

3. Dibujaremos ahora cualquier radio, uniendo con un trazo el centro del círculo y la circunferencia.

Altura en cm	Base	Lado oblicuo	Altura en cm	Base	Lado oblicuo
5	7,85	7,47	55	86,36	82,18
10	15,70	14,94	60	94,21	89,66
15	23,55	22,41	65	102,06	97,13
20	31,40	29,89	70	109,92	104,60
25	39,26	37,36	80	125,62	119,54
30	47,11	44,83	85	133,47	127,01
35	54,96	52,30	90	141,32	134,48
40	62,81	59,77	95	149,17	141,95
45	70,66	67,24	100	157,02	149,43
50	78,51	74,71			

4. Volveremos a coger el compás, con una abertura de 10,99 cm, lo centraremos en el extremo del radio dibujado (punto A de la fig. 59) y marcaremos un punto en la circunferencia, con lo que obtendremos el punto B. Haremos lo mismo para hallar los puntos C, D y E.

5. Uniremos estos puntos entre sí y con el vértice. Dejaremos una tira externa, en el último lado oblicuo, que servirá para pegar la última cara y la primera. Cortaremos por las líneas externas, doblaremos el modelo y lo pegaremos.

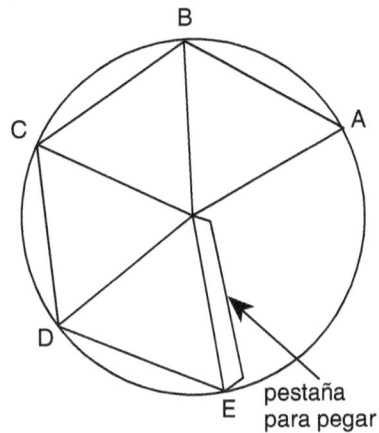

Fig. 59. Construcción de la pirámide (primer método)

También puede construirse una base cuadrada para facilitar la orientación de la pirámide en dirección a los polos. Veamos cómo debe utilizarse:

1. Colocaremos la base con dos lados del cuadrado en la dirección indicada por la brújula y la fijaremos a la mesa con cinta adhesiva.

2. Puede fijarse un pequeño pedestal en el centro de la base y encima el objeto que quiere introducirse en la pirámide, siempre con cinta adhesiva.

3. Colocaremos la pirámide sobre la base.

Este método resulta bastante incómodo cuando se quieren realizar modelos muy grandes, porque es difícil trazar circunferencias precisas.

Además, es totalmente inaplicable cuando el material es rígido (madera, vidrio, etc.). En estos casos se sigue el segundo procedimiento indicado.

Segundo método

Se construyen las cuatro caras y se unen con clavos, cola o soldadura. El corte variará en función del material que se haya escogido. De hecho, existen en el mercado manuales de bricolaje de gran utilidad, tanto para el corte de las piezas como para su posterior montaje y acabado. Con todo, deberemos ser muy precisos, para no dejar fisuras o bultos en los bordes de las paredes. Resultan válidas las mismas dimensiones indicadas en la tabla de la página 183.

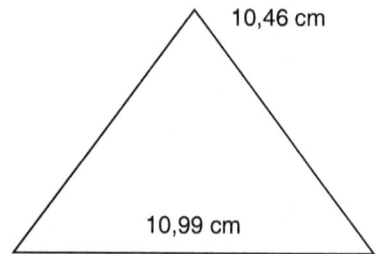

Fig. 60. Construcción de la pirámide (segundo método) con las dimensiones del ejemplo anterior. Una de las cuatro caras que deben realizarse

Modelos con diversas inclinaciones

Hasta ahora nos hemos ocupado de pirámides con una inclinación igual a la de la pirámide de Keops (51° y 51' aproximadamente), pero, como hemos dicho, en algunos casos también se han utilizado modelos distintos. A continuación puede verse la tabla correspondiente a una inclinación de 25°. Tan sólo deben cambiarse las dimensiones de los triángulos y mantener la proporción.

Altura en cm	Base	Lado oblicuo	Altura en cm	Base	Lado oblicuo
5	21,45	15,97	55	235,90	175,64
10	42,89	31,93	60	257,34	191,60
15	64,34	47,90	65	278,79	207,57
20	85,78	63,87	70	300,23	223,54
25	107,23	79,84	80	343,12	255,47
30	128,67	95,80	85	364,57	271,44
35	150,12	111,77	90	386,01	287,41
40	171,56	127,74	95	407,46	303,37
45	193,01	143,70	100	428,90	319,34
50	214,45	159,67			

También podría construir pirámides con inclinaciones distintas. Para ello reproducimos las fórmulas con las que es posible obtener sus dimensiones.

Haciendo referencia a la figura 61, hemos llamado:

— b a la mitad del lado de base;
— l al lado oblicuo;
— h a la altura de la pirámide;
— a al apotema;
— *theta* (θ) a la inclinación;
— *psi* (ψ) al ángulo en el vértice de cada cara.

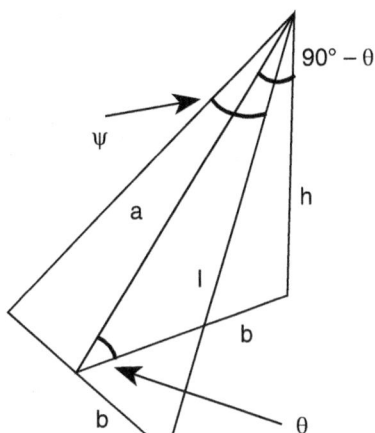

Fig. 61. Elementos geométricos de la pirámide

Aplicando cálculos trigonométricos:

$b = h \, tg \, (90° - \theta) = h \cotg \theta$
$a = b / \sin (90° - \theta) = b / \cos \theta = h / \sin \theta$
$l = (a^2 + b^2)^{1/2} = (h \, (1 + \cos^2 \theta)^{1/2}) / \sin \theta$
$\psi = 2 \arctan (b/a) = 2 \arctan (\cos \theta)$

Por ello, una vez decidida la inclinación theta (θ) y la altura deseada (h), basta consultar las tablas trigonométricas o utilizar una calculadora que disponga de estas funciones para poder calcular la base y el lado de cualquier pirámide. Una vez obtenidos estos elementos, la construcción se realiza con el método acostumbrado.

Modelos con paredes cóncavas y regulables

Ya hemos mencionado que la pirámide de Keops tiene las caras ligeramente cóncavas y que se han realizado experimentos con modelos con esta particularidad. Si se desea trabajar en las mismas condiciones, puede optarse por una de estas soluciones:

— doblar hacia dentro a las paredes de los modelos de cartulina y obtener así una versión aproximada de la pirámide de caras cóncavas;
— realizar un modelo que permita regular la superficie de las caras.

En este caso, en lugar de cuatro triángulos, tendremos que construir ocho, cortando por la mitad cada una de las caras a lo largo de la vertical.

Para unir los ocho triángulos entre sí, podemos utilizar pequeñas bisagras, como las que utilizan los ebanistas para las puertas de los armarios. Al

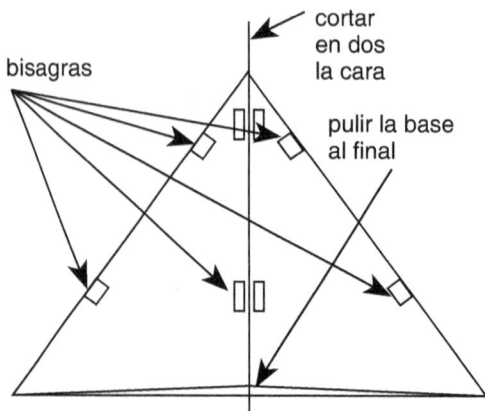

Fig. 62. *Corte de las caras para pirámides de paredes cóncavas*

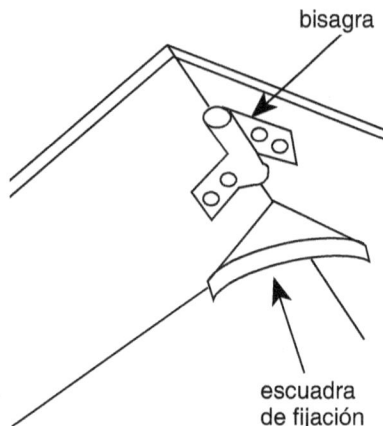

Fig. 63. *Detalle del montaje de las bisagras y escuadras*

montarlas, debemos procurar que el juego sea el mínimo imprescindible, a fin de no dejar fisuras. Una vez ensamblada la estructura y alcanzada la concavidad deseada, tendremos que pulir un poco la base, de forma que se adhiera perfectamente al suelo. También será oportuno colocar pequeñas escuadras triangulares entre las paredes, a fin de evitar movimientos no deseados.

Modelos con armazón

El último tipo de pirámide del que nos ocuparemos es el constituido por un armazón, del que hemos hablado a propósito de la meditación.

En cuanto a las dimensiones, en esta ocasión deberá hacerse con una serie de varillas (si se trabaja con madera) o palitos del material que vaya a utilizarse. Para su construcción se necesitarán:

— cuatro de la longitud del lado oblicuo;
— cuatro de la longitud de la base;
— otros, calculados durante la construcción, para aumentar la solidez del conjunto.

En primer lugar, construiremos dos caras opuestas: para ello uniremos los lados de dos en dos y a continuación añadiremos las bases. Colocaremos como mínimo una varilla intermedia para darle mayor estabilidad a la «cara».

Uniremos luego las dos paredes opuestas mediante los demás lados de base y otras varillas intermedias.

También se puede añadir una pequeña plancha horizontal sobre la estructura y algunas escuadras laterales para mejorar la firmeza de las varillas. Una vez terminado el armazón, podemos recubrir las paredes con pane-

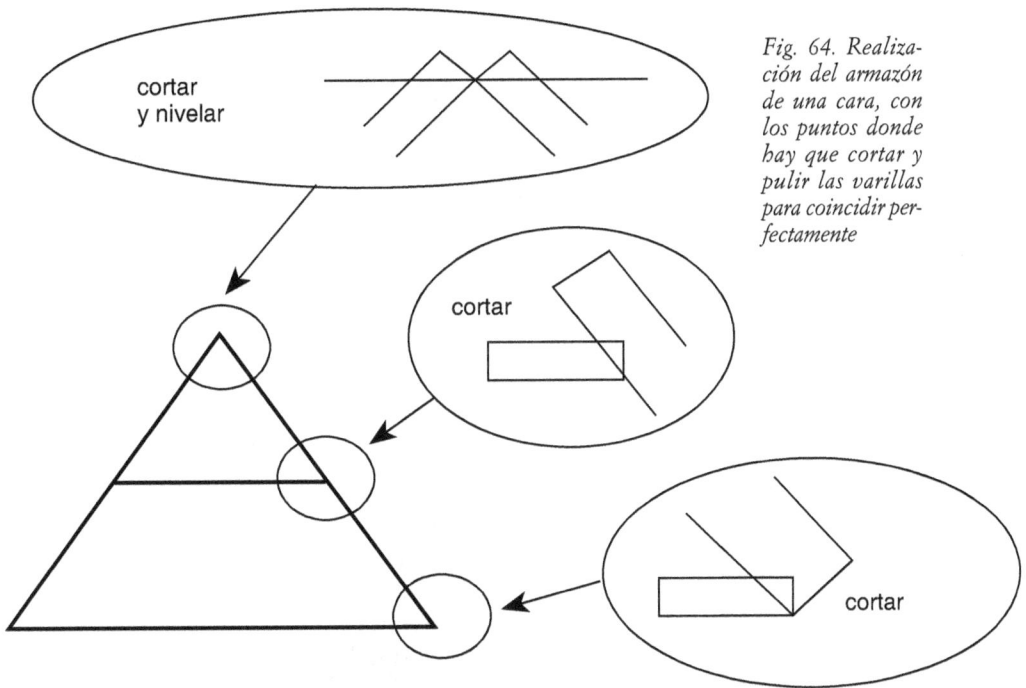

Fig. 64. Realización del armazón de una cara, con los puntos donde hay que cortar y pulir las varillas para coincidir perfectamente

cortar y nivelar

cortar

cortar

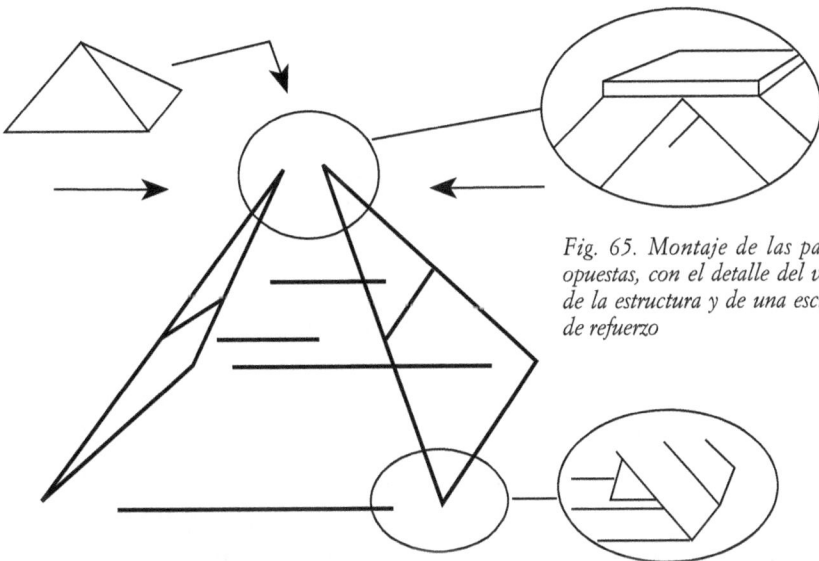

Fig. 65. Montaje de las paredes opuestas, con el detalle del vértice de la estructura y de una escuadra de refuerzo

les, sin olvidar que debe dejarse un espacio vacío suficiente para que circule el aire. La forma más sencilla consiste en realizar un modelo más pequeño de pirámide (por ejemplo un tercio de la altura de la estructura) y apoyarlo encima como si se tratase de un sombrero. Aunque no es demasiado preciso, este método permite cambiar el color de las caras de la pirámide.

187

*I*NDICE ANALÍTICO

www.ingramcontent.com/pod-product-compliance
Lightning Source LLC
Chambersburg PA
CBHW080404270326
41927CB00015B/3338